U0097469

古典文獻研究輯刊

二三編

潘美月・杜潔祥 主編

第18冊

元曲釋詞（增訂版）（八）

王學奇、王靜竹 著

國家圖書館出版品預行編目資料

元曲釋詞（增訂版）（八）／王學奇、王靜竹 著 -- 初版 --
新北市：花木蘭文化出版社，2016〔民 105〕
目 14+286 面；19×26 公分
（古典文獻研究輯刊 二三編；第 18 冊）
ISBN 978-986-404-857-1（精裝）
1. 元曲 2. 曲評
011.08　　105015206

古典文獻研究輯刊
二三編　第十八冊　　ISBN：978-986-404-857-1

元曲釋詞（增訂版）（八）

作　　者　王學奇、王靜竹
主　　編　潘美月　杜潔祥
總 編 輯　杜潔祥
副總編輯　楊嘉樂
編　　輯　許郁翎、王筑　美術編輯　陳逸婷
企劃出版　北京大學文化資源研究中心
出　　版　花木蘭文化出版社
社　　長　高小娟
聯絡地址　235 新北市中和區中安街七二號十三樓
　　　　　電話：02-2923-1455／傳真：02-2923-1452
網　　址　http://www.huamulan.tw 信箱 hml 810518@gmail.com
印　　刷　普羅文化出版廣告事業
初　　版　2016 年 9 月
全書字數　1182776 字
定　　價　二三編 21 冊（精裝）新台幣 40,000 元

元曲釋詞（增訂版）（八）

王學奇、王靜竹 著

目次

第八冊

zhang

zheng

zhi

元曲釋詞（增訂版・八）

王學奇　王靜竹著

咱家

喒家　自家

《伍員吹簫》二【南呂一枝花】：「俺父兄多身故，他又把咱家一命圖。」

《氣英布》二：「〔（隋何）做見科，云：〕賢弟，你可知道楚漢相拒的事情麼？〔正末云〕喒家不知。」

《對玉梳》一【油葫蘆】：「覰了這惜玉憐香心上人，教喒家越情親。」

《魔合羅》二：「〔倈兒上，云：〕妳妳，我要個魔合羅兒。【旦打倈科，云：】小弟子孩兒！喒家買菜的錢也無，那得錢來？」

《薛仁貴》一：「〔丑扮摩利支上，云：〕自家葛蘇文便是，郎主呼喚，須索見來。」

《合汗衫》四【碧玉簫】白：「自家張孝友的便是。」

明・包汝楫《南中紀聞》：「吳人自稱曰儂，晉人曰咱，苗人曰歹。」清・梁同書《直語補證》：「咱，自稱也，又作查。」今華北呼「咱」有「我們」之意。徐夢莘《三朝北盟會編》：「范瓊大呼曰：「自家懣只是少個主人。」自家即咱家。家爲人稱語尾助詞，無義。咱（喒）（zá），讀如雜，咱家，含有自傲的口氣。明・湯顯祖《牡丹亭・圍釋》：「自家溜金王。」明・孟子若《英雄成敗》一、白：「自家生來博涉書傳，兼通騎射。」皆其例。

雜

雜當

《陳州糶米》一、白：【雜扮糶米百姓三人同上】。

《鴛鴦被》二、白：【雜扮更卒上】。

《冤家債主》一【天下樂】：「〔淨扮雜當上，云：〕張二舍，你少我五百瓶的酒錢，快些拿出來還我！」

《羅李郎》三【幺篇】：「〔正末見雜當云：〕哥哥，與你些碎銀子，你蒸下多少飯我都要。」

《劉弘嫁婢》四：「〔雜當上，云：〕是呵，自家報登科的便是。」

《謝金吾》三：「〔正旦扮皇姑領雜當上。〕」

元雜劇中扮演不重要又不知名的零星腳色，稱爲雜當，或簡稱爲雜。猶今云打雜的。明・凌初成雜劇《虯髯翁》一：〔雜扮道士上〕。清・洪昇《長生殿・尸解》：〔雜扮四仙女，執水盂、旛節、引貼捧敕上〕。孔尚任《桃花扇・撫兵》：〔副淨末扮二將官，雜扮四小卒上〕。皆其例。

雜犯

《望江亭》四【錦上花】白：「將銜內問成雜犯。」

雜犯，元代把死刑以下的罪名，稱作雜犯。宋・邵伯溫《邵氏聞見錄》卷二：「仁宗聞之惻然，自此殿試不黜落，雖雜犯亦收之末名，爲定制。嗚呼，可以謂之仁矣！」《元史・刑法志一》：「其餘雜犯受宣官以上咨稟，受敕官以下就斷。」又《刑法志四》：「諸民間雜犯，赴有司陳首者聽。」並列有如何懲治雜犯的規定。

雜嗽（zá sòu）

《詞林摘艷》卷五鮑吉甫散套【新水令・似一江春水向東流】：「若是他人知替我愁，我怕甚娘知道將雜嗽。」

《樂府群珠》卷四曾瑞卿小令【中呂紅繡鞋・風情】：「喬斷案，村倈雜嗽。」

雜嗽，詈辭。明・風月友《金陵六院市語》：「雜嗽者，罵也。」明・無名氏《行院聲嗽・人事》：「罵，雜嗽。」明・田汝成《梨園市語》：「以馬爲雜嗽。」按：馬當爲罵字的訛誤。明・朱有燉雜劇《慶朔堂》二【倘秀才】：「無的是休雜嗽，有的話說何妨，請官人自想。」同劇三【一煞】：「受了些娘雜嗽。」明・劉兌雜劇《嬌紅記》下【雙雁兒】：「把似你招贅了呵，何人敢雜嗽？」皆其例。

又，雜嗽，亦有閑言冷語之意。

咱

《董西廂》卷五【仙呂調・瑞蓮兒】：「恁時節，是俺咱可憐見你那裏！」

同書卷七【越調・雪裏梅】：「一領汗衫與裹肚，非足取，取是俺咱自做。」

同書卷三【大石調・洞仙歌】：「你咱說謊，我著甚癡心沒去就，白甚只管久淹蕭寺？」

同書卷六【越調・鬬鵪鶉】：「你咱是必，把音書頻寄。」

《劉知遠諸宮調》十二【高平調・賀新郎】：「雖然你咱蒙嚴令，直恁存亡不顧。」

《梧桐雨》三【步步嬌】：「國家又不曾虧你半掐，因甚軍心有爭差？問卿咱，爲甚不說半句兒知心話？」

咱，宋元口語，用作人稱語尾助詞，如俺咱、你咱、卿咱等，咱，讀如「雜（za）」，輕音，無義。宋・趙長卿【驀山溪】詞：「我咱諳分，隨有亦隨無。」亦其例。

災障

《西廂記》一本二折【四邊靜】：「軟玉溫香，休道是相親傍；若能勾湯他一湯，到與人消災障。」

《度柳翠》四【鴛鴦煞】：「〔偈云：〕出入人寰脫離災障，拜辭了風流情況。」

《陽春白雪》後集三劉時中散套【端正好・上高監司】：「無錢的受饑餒，填溝壑，遭災障。」

《樂府群珠》卷一失註小令【山坡羊】：「清閑可尚，貧窮無恙，安居守分無災障。」

災障，謂災難、禍患、魔障。《說文》：「障，隔也。」《爾雅・釋言》：「障，畛也。」注：「謂壅障。」可見「障」是阻隔難通之意，因以喻人事之不利或遭災患難，均謂之災障。敦煌變文《降魔變文一卷》：「見者亦得除災障。」可證唐語已然。或作災障，如宋元戲文《林招得》【仙呂入雙調過曲】：「一心告神，願我無災障。」災、災同字異體。

栽子

《牆頭馬上》二、白：「心中悶倦，那裏有心去買花栽子。」

《薛苞認母》二【紫花兒序】白：「砍一根柳栽子。」

栽子，即苗的意思。花苗叫花栽子，樹苗叫樹栽子，魚苗叫魚栽子。杜甫《蕭八明府實處覓桃栽》詩：「奉乞桃栽一百根。」白居易《送李校書趁寒食歸義興山居》詩：「到舍將何作寒食？滿船唯載樹栽歸。」賈島《早春題友人湖上新居二首》之一：「每逢晴暖日，惟見乞花栽。」歐陽修《洛陽牡丹記》：「春初時，洛人於壽安山中，斲小栽子，賣城中，謂之山蔑子。」宋・王明清《揮塵後錄》卷二：「惟以花栽怪石，籠禽檻獸，舟車相銜，不絕道路。」據上引數則，知「栽子」一詞在唐宋已有，現仍沿用。

栽下的科

《貨郎旦》一【油葫蘆】：「你望者巫山廟，滿斗兒燒香火，怎知高陽臺，一路排鍬钁？休這般枕上說，都是他栽下的科。」

科，通窠，指坑坎。漢・揚雄《太玄經・從》：「從水滿科，不自越也。」「栽下的科」，比喻種下的禍根，安排下的計謀。

在

《董西廂》卷五【仙呂調・尾】：「我曾見風魔九伯，不曾見這般神狗、乾郎在。」

《四春園》二【尾聲】白：「大人，所知的新官下馬，你慢在。張千，跟著我接新官去來。」

《智勇定齊》楔、白：「既然玉環開也，慢在小子告回。」

《盛世新聲》亥集小令【水仙子】：「便有那俊慶兒憔悴死，想當日曾陪在。」

《金鳳釵》三【鬬蝦蟆】：「店家不下單客，我做保人知在。」

上舉各「在」字，不作一般介詞用，而是用作助詞，相當於現代漢語中的著字或了字。董詞「不曾見這般神狗、乾郎在」，按語法次序應作「不曾見在（著）這般神狗、乾郎」。顛倒語序，是爲叶韻。慢在謂慢著，留在謂留著（如《琵琶記》三十三「他們留在。」），陪在謂陪著；知在謂知道了，三年在謂三年了（如《牡丹亭・婚走》：「似中山醉夢三年在。」）

「在」字這類用法，古時已有。劉淇《助字辨略》卷四云：「《孟子》：『惡在其爲民父母也？』李義山詩：『好在青鸚鵡。』此在字，語助辭。今蜀人語猶爾也。」此外如：白居易《酬別微之》詩：「且喜筋骸俱健在，勿嫌鬚鬢各皤然。」此健在猶健著，下與然字相對應。王安石《寄友人》詩：「登臨舊興無多在，但有浮槎意未忘。」此無多在猶云不多了。陸游《老學庵筆記》卷二：「呂（元直）大怒曰：『此何等時，汝乃要存事體？待朝廷歸東京了，還汝事體未遲在。』」此在字相當今呢字。如此等等，不勝舉。現在仍有把在用作助詞的，如孫犁《風雲初記》：「起響了，你倒閑在？」劉紹棠《青枝綠葉》：「閑在時，坐上農莊的汽車，到北京參觀參觀。」皆是。

在字亦有作指示代詞用者，如《漁樵閑話》四【鴈兒落】白：「似俺在時之民，雖有抱負，豈可言之？」在時，即此時也。王季烈校《孤本元明雜劇》，在此句下注云：「在時二字疑誤」，非。

在先

在前

《麗春堂》三【絡絲娘】白：「將你那在先手下操練過的頭目每選揀幾個，收捕草寇。」

《趙禮讓肥》二【滾繡毬】：「在先結下知心友，我可敢道今日番爲刎頸交。」

《劉行首》二【滾繡毬】：「早忘了你在先軀殼。」

《灰闌記》三【四門子】：「卻原來正是他，見了咱，思量起在前讎恨殺。」

《智勇定齊》一、白：「我在前也曾抽籤擲珓，也曾與人圓夢來。」

在先，或作在前，指過去，謂以往、以前。清・李調元《方言藻》：「王仲初詩：『在先教示小千牛。』方言，凡豫爲之曰在先。」「在前」一詞更古，例如：《禮記・文王世子》：「太傅在前，少傅在後。」《論語・子罕》：「瞻之在前，忽焉在後。」不過，《禮記》《論語》所云「在前」，是指方位，位置，與元劇各例之指時間者不同。今仍有此種說法。

在於

在于

《金線池》楔、白：「稟老爺得知，有韓輔臣在於門首。」

《王粲登樓》四【沉醉東風】白：「令人報復去，道有蔡丞相在於門首。」

《凍蘇秦》三【梁州第七】白：「稟相公得知，有蘇秦在於門首。」

《柳毅傳書》四、白：「母親，你孩兒下第東歸，在于涇河岸上，有龍女三娘著我寄書。」

《隔江鬭智》一、白：「這位將軍，乃是凌統，在于吳王孫仲謀麾下。」

在於，元人習用語，在的意思，確指其所在的地點。《漢書・食貨志上》：「其爲物輕微易藏，在於把握，可以周海內而亡饑寒之患。」敦煌變文《壚山遠公話》：「排兵在於長川。」皆其例。但有時亦確指所在的時間，如《史記・滑稽列傳》：「國且危亡，在於旦暮。」有時也側重指出事物的某方面，如《漢書・食貨志上》：「欲民務農，在於貴粟；貴粟之道，在於使民以粟爲賞罰。」

古代上述這種確指地點、時間的用法，在現代漢語中已不習見，側重指出某方面的用法還在沿用，如說：「搞好科研，主要在於自己的努力。」

於，或作于，音義同。

在城

《竇娥冤》一、白：「在城有箇蔡婆婆，我問他借了十兩銀子，本利該還他二十兩。」

同劇二、白：「在城有箇蔡家婆子，剛少的他二十兩花銀，屢屢親來索取，爭些撚斷脊筋。」

《生金閣》三【賀新郎】白：「俺每都是在城的老人里正。」

《㑳梅香》四、白：「小子姓黃名孔，是這在城人氏，做著箇山人。」

《貨郎旦》一、白：「如今我這在城有箇員外李彥和，與我作伴。」

《太平樂府》卷九高安道散套【哨遍・皮匠說謊】：「若要做四縫磕瓜頭，除是南街小王皮，快做能裁，著脚中穿，在城第一。」

在城，謂本城。劇中人在自報家門或交待情節時常用之。敦煌變文《降魔變文》：「在身有何道德？不須隱匿，具實說看。」宋・孫光憲【竹枝】詞：「楊柳在身垂意緒，藕花落盡見蓮心。」《張協狀元》三十五【喜遷鶯】：「未知何處深藏見在身？」《清平山堂話本・錯認屍》：「在城眾安橋北首觀音庵有一箇商人，姓喬名俊，字彥傑，祖貫錢塘人。」按以上在身、在城之在，都是「本」的意思，可互證。

簪（zān）簪

《薛仁貴》三【耍孩兒】：「哎！你看他馬兒上簪簪的勢，早忘和俺掏鵶鳩爭攀古樹，摸蝦蟆混入淤泥。」

《凍蘇秦》二【煞尾】：「我則今番到朝內，脫白襴換紫衣，兩行公人左右隨，一部笙歌出入圍，馬兒上簪簪穩坐的。」

簪簪，形容威嚴、莊嚴的樣子。《幽閨記》二十六【灞陵橋】：「馬兒行較疾，疾上碾車兒，直恁的簪簪地。」亦其例。簪，有挺直插立之意。如簪筆、簪花等。元刊本《薛仁貴》三【耍孩兒】簪簪，作簮簮，同字異體。

咱（zán）

昝　喒

《金錢記》二【煞尾】：「藕絲兒將咱腸肚牽。」

《西廂記》二本楔子【倘秀才】：「你那裏問小僧敢去也那不敢，我這裏啓大師用昝也不用昝。」

《虎頭牌》二、白：「老相公，喒在這裏等！」

《合汗衫》三【醉春風】白：「赤緊的喒手裏無錢呵，可著甚的去買那？」

《西遊記》一本一齣【遊四門】：「喒兩口都不會說囂虛。」

咱，用爲第一人稱的單數或複數，即我或我們。宋・周密《癸辛雜識續集下・文山書爲北人所重》：「咱們祖上亦是宋民，流落在此。」明・徐渭《南詞敘錄》云：「咱們二字，合音如喒。」朱駿聲《說文通訓定聲・臨部》：「譖，發聲之詞，今北方人稱我曰昝，即此字之誤。」章太炎《新方言・釋言》：「《爾雅》：『朕，我也。』今北方音轉如簪，俗作偺。偺，即譖字，本朕字耳。」咱，又作昝、偺，音義並同。

咱，偶爾亦用作第二人稱，如《留鞋記》三【中呂粉蝶兒】：「我這裏書忘餐，夜廢寢，把咱牽掛。」「把咱牽掛」，謂把你牽掛也。

有時也用作感嘆詞，如《陽春白雪》前集四關漢卿小令【碧玉簫】：「休說謊，不索尋吳越。喒！負心的叫天滅。」

咱各

咱彼各

《梧桐雨》一【賺煞尾】：「咱各辦著志誠，你道誰爲顯證，有今夜度天河相見女牛星。」

《盛世新聲》辰集關漢卿散套【古調石榴花・怨別】「咱各辦著箇堅心，要撥箇終緣之計。」

《雍熙樂府》卷七散套【石榴花・閨思】：「咱各辦一個堅心，要博箇終緣活計。」

《太平樂府》卷六周仲彬散套【蝶戀花・悟迷】：「咱彼各休生間闊，便死也同其棺槨。」

咱各，猶今云咱倆。咱各，爲咱彼各之省詞。

拶子

桚子　桚指

《蝴蝶夢》一【後庭花】:「現如今拿住爾到公庭,責口詞,下腦箍,使拶子,這其間痛怎支?」

《誶范叔》四【太平令】:「早準備桚子麻槌,下著的國家祥瑞,揀一塔乾淨田地,將這廝跪只。」

《魔合羅》四【迎仙客】:「比及下桚指,先浸了麻槌,行仗的腕頭加氣力。」

桚(zǎn),古代刑具之一;用繩子把幾根本棒串起來,套在罪犯手指上,用力束緊,使手指疼痛,以迫其招供。這種酷刑,謂之拶指,也簡作拶。關於此刑的來源,明·王圻《三才圖會·器用·桚子》云:「桚子,舊無是制,想因夾棍而起。」同時代的張自烈《正字通》則謂:「拶,刑具。《莊子》:『罪人交臂歷指。』注:『即今背剪拶指也。』」是知此刑具,早在先秦就有。拶子,或作桚子、桚指。或又作撒子,如《小孫屠》戲文:「怎推這鐵鎖沉枷、麻搥撒子?」元明間無名氏雜劇《漁樵閑話》【迎仙客】白:「那毡裹裹叫做攬桿,索穿的喚做桚指,專一桚那犯事人。」按桚、撒,俱應作拶,以形、音相近而誤。

趲路

趲行　趲步

《伍員吹簫》二、白:「把馬加上一鞭,趲路前去。」

《灰闌記》三、白:「有什麼盤纏使用,也拿出些來,等我們買碗酒喫,好趲路去。」

《隔江鬬智》楔、白:「急離江東趲路歸。」

《馮玉蘭》一【混江龍】白:「家童,俺不饑,且趲行路程。」

《詞林摘艷》卷二散套【商調山坡里羊·落夕昏鴉成陣】:「趲行天色將暝,見雲迷遠岫,暮景偏增。」

同書同卷【仙呂聚八仙·巴到西廂】:「此際當不過暑氣炎,宜趲步早去尋安下。」

趲（zǎn），趕的意思。趲路，猶言趕路。趲行、趲步，意同。宋・朱熹與鄭子上書，有「趲課程」語，即趕課程之意。趲、趲，同字異體。《集韻》：「趲，在坦切，音攢。」《水滸》第五十九回：「在路趲行，不止一日。」《桃花扇・投轅》：「大家趲行幾步。」皆其例。

趲運

《陳州糶米》二【煞尾】：「河涯邊趲運下些糧，倉廒中囤塌下些籌；只要肥了你私囊，也不管民間瘦。」

趲運，謂催運。《集韻・二十九換》：「趲，逼使（走）也。」《張協狀元》戲文：「長江後浪催前浪，一替新人趲舊人。」趲、催互文，可證趲即催的意思。《元史・百官志一》：「科糧房之科有六：一曰海運，二曰趲運，三曰邊遠，四曰賑濟，五曰事故，六曰軍匠。」

鏨口兒

《灰闌記》三、白：「我兄弟兩個，曾見半厘鏨口兒？是那個要了你銀子？說清廉不清廉？」

鏨（zǎn）口兒，謂碎銀子。《元曲選》音釋：「鏨，才敢切。」鏨，鑿的意思。《廣雅・釋器》：「鐫謂之鏨。」

贓仗

賍仗

《緋衣夢》三【鬼三台】：「贓仗忒分明，不索你折證。」

《救孝子》四、白：「令史，你問成了，那贓仗完備麼？」

《勘頭巾》二、白：「兀那廝，還有兩件贓仗未完，是芝蔴羅頭巾、減銀環子在那裏？」

《馮玉蘭》三【幺篇】：「〔金御史云：〕……不知他殺壞您父子之時，有甚麼贓仗質證來？〔正旦云：〕……現今俺船上撇下一把刀，便是贓仗了也。」

同劇三【尾煞】白：「如今賍仗完備，那楊謝祖也葫蘆提招伏，眼見的這樁事問就了也。」

贓（zāng）仗，謂贓證，如贓物、兇器等。仗，指兵仗，漢・應劭《風俗通》：「仗，刀戟之總名也。」賍，為贓之省寫。亦作贓證，如《京本通俗小說・錯斬崔寧》：「贓證分明，卻如何賴得過？」

贓埋

《灰闌記》一【鵲踏枝】：「〔帶云：〕也怪不得他贓埋我來，〔唱：〕也只是我不合自小為娼。」

同劇一【賺煞】白：「你合毒藥，謀死員外，也是我贓埋你的？」

贓埋，謂栽贓、誣陷。《西遊記》第二十回：「你莫聽師兄之言，他有些贓埋人。」亦其例。

糟丘

醩丘

《九世同居》二【感皇恩】：「謝塵世，臥糟丘。」

《太平樂府》卷一查德卿小令【蟾宮曲・登樓有感】：「山岳糟丘，湖海盃甌，醉了方休，醒後從頭。」

《陽春白雪》後集二不忽麻平章散套【點絳唇・辭朝】：「寧可身臥糟丘，賽強如命懸君手。」

《樂府群珠》卷三張小山小令【折桂令・重午席間】：「笑煞湘纍，不葬糟丘。」

同書同卷盧疎齋小令【折桂令・江陵懷古】：「應笑湘纍，不近糟丘。」

脈望館鈔校本《曲江池》三【醋葫蘆】：「下場頭只落得臥醩丘。」

酒的渣滓曰糟。糟丘，謂堆積糟渣而成丘，形容喝酒之多。漢・劉向《新序・節士》：「桀為酒池，足以運舟，糟丘足以望七里。」《南史・陳暄傳》：暄嗜酒「過差非度，其兄子秀常憂之，致書於暄友人何胥，冀以諷諫。暄聞之，與秀書曰：『速營糟丘，吾將老焉，爾無多言。』」又糟丘，或作糟邱，如李白《襄陽歌》：「此江若變作春酒，壘麴便築糟邱臺。」按糟與醩，丘與邱，俱同音通用。

糟頭

《遇上皇》一、白：「父親，我守著那糟頭，也不是常法。」

《後庭花》一【油葫蘆】白：「你看這糟頭，則是強嘴。」

《兒女團圓》一【寄生草】：「哎！你一箇鬼精靈會魔障生人意，可知我這個酒糟頭不識你這拖刀計。」

同劇二：「〔俞循禮云：〕大嫂，兀的不又醉了也！〔王獸醫作打俫兒科，云：〕我打這個小弟子孩兒。〔俞循禮云：〕……你那糟頭怎生打我這孩兒這一下？」

《殺狗勸夫》楔、詩云：「不做營生則調嘴，拐騙東西若流水；除了孫大這糟頭，再沒有第二個人家肯做美。」

以酒浸物曰糟；糟頭，是形容人沉湎於酒，猶云酒徒、醉鬼。清・翟灝《通俗編・品目・糟頭》：「元曲選楊氏勸夫劇，柳隆卿謂孫大糟頭。按：今游閑子挾財逐匪隊，屢被欺脫而不自知者，俗謂之酒頭，又因糟而變也。」

鑿

《降桑椹》二【梧葉兒】白：「早知上聖來到，慌忙迎笑；若還不笑，鑿箇蕠暴。」

鑿，以手指節敲擊別人的頭，使之暴起，謂之鑿。或作㞘，例如《清平山堂話本・簡帖和尚》：「皇甫殿直掿得拳頭沒縫，去頂門上㞘那廝一㩧。」或作削，同上書《花燈轎蓮女成佛記》：「被蓮女搶上前去，和尚頭上削兩箇栗暴。」按：鑿、㞘、削，均為宋元俗語，意謂擊打。《黃花峪》四折：「我去你禿頭上直打五十箇栗爆。」這裏打字，與上舉各例意義正同，可為證。

早是

蚤是　早來　早

早是，有已是、幸虧、當初等義。

（一）

《劉知遠諸宮調》十二【仙呂調・繡裙兒】：「早是那匹夫難擒捉，庄門外又兩個。」

《董西廂》卷六【大石調・玉翼蟬】:「早是恁淒淒涼涼，受煩惱，那堪值暮秋時節！」

《西廂記》四本三折、白:「早是離人傷感，況值那暮秋天氣！」

《柳毅傳書》楔【仙呂端正好】:「早是我受不過狠毒的兒夫氣，更那堪不可公婆意。」

《村樂堂》二【四塊玉】:「早來箇可便黑洞洞的，如今照耀的來明朗朗。」

《牆頭馬上》三、白:「自從跟了舍人來此呵，早又七年光景。」

《東堂老》一、白:「自從我父親亡化了，過日月好疾也，可早十年光景。」

早是，猶云本是或已是。敦煌變文《伍子胥變文乙》:「蒙王收錄，早是分外垂恩。」唐・無名氏《雜詩》:「早是有家歸未得，杜鵑休向耳邊啼。」韋莊《長安清明》詩:「早是傷春夢雨天，可堪芳草更芊芊。」馮延巳【江城子】詞:「早是自家無氣力，更被你，惡憐人。」歐陽修【定風波】詞:「早是閒愁依舊在，無奈，那堪更被宿酲兼。」王詵【燭影搖紅・惜春】詞:「早是縈心可慣，更那堪頻頻顧盼！」據此，知唐宋已有這種用法。早是，或作早來，更簡作早，義並同。

（二）

《魯齋郎》楔、白:「早是在我這裏，若在別處，性命也送了你的。」

《單鞭奪槊》二【滾繡毬】白:「早是我知道的疾，我慌忙領著些人馬，趕到數里程途，著我拿得回來。」

《王粲登樓》三【幺篇】白:「呀！早是小生手眼快！蟻蟻尚且貪生，爲人何不惜命。」

《㑳梅香》三【小桃紅】白:「可早是我哩，是夫人呵，可怎生了也！」

《緋衣夢》四、白:「蚤是有了殺人賊，爭些兒償了人命。」

以上各例，意爲幸虧、幸而。早，一作蚤，古通用。《孟子・離婁下》:「蚤起，施從良人之所之。」「蚤起」，即早起也。《清平山堂話本・快嘴李翠蓮記》:「張媽媽聽得，走出來道:『早是你纔來得三日的媳婦，若做了二三年媳婦，我一家大小俱不要開口了。」《牡丹亭・拾畫》：「則這幾日間春懷鬱悶，何處忘憂？早是老姑姑到也。」皆其例。

（三）

《黃鶴樓》三、白：「他既請我赴會，可怎生四面八方兵山相似？劉備也，你尋思波！早是不來呵，也罷；我自有箇主意。」

這裏，早是意爲當初。

早則

早則，有已經、幸虧、與其等義。

（一）

《漢宮秋》二【烏夜啼】：「今日嫁單于，宰相休生受。早則俺漢明妃有國難投，它那裏黃雲不出青山岫。」

《西廂記》三本四折【調笑令】：「功名上早則不遂心，婚姻上更返吟復吟。」

《秋胡戲妻》三【中呂粉蝶兒】：「早則是生計蕭疎，更値著沒收成、歉年時序。」

同劇二【呆骨朵】：「早則俺那婆娘家無依倚，更合著這子母每無笆壁。」

《金錢記》二【滾繡毬】：「轉過這粉牆東，哎喲！可早則波玉人兒不見。」

上舉「早則」各例，意爲已經，猶早是（一）。《長生殿・春睡》：「〔旦作驚醒低介：〕誰個？驀然揭起鴛幃，星眼倦還挼。〔作坐起，摩眼，撩鬢介。〕〔生：〕早則淺淡粉香，消褪唇朱，掠削鬢兒欹矬。」亦其例。

（二）

《三戰呂布》三【鬬鵪鶉】：「早則還是我的刀哩，纔敵住他的戟。」

《抱粧盒》一【金盞兒】：「這的是在地成連理樹，入水長並頭蓮；早則不驚開比翼鳥，不打散錦紋鴛。」

《爭報恩》一【么篇】白：「早則不曾衝撞著姐姐，姐姐休怪，受您兄弟兩拜咱。」

《合同文字》四【折桂令】:「早則不迷失了百世宗支,俺可也敢忘昧了你這十載提攜。」

以上「早則」各例,意爲幸虧,猶早是(二)。

(三)

《替殺妻》二【滾繡毬】:「早則陽臺有故人,羅幃中會雨雲,不如背地裏暗傳芳信。」

這裏早則是與其或就讓、即便之意,下與不如相呼應。屬開合呼應句法。

(四)

《蕭淑蘭》四、白:「姐姐,早則歡喜也!哥哥下三千貫財禮錢招張雲傑爲壻。」

早則,這裏用爲語首助詞,無義。

早晚

蚤晚

早晚一詞,用於表示時間,然隨文生訓,用法頗多,撮其要有九:一、謂隨時;二、謂有時、常或;三、謂遲早;四、五、均謂時候,但稍有區別;六、謂旦夕;七、謂一早一晚;八、謂何時;九、謂這般。

(一)

《五侯宴》四、白:「我是討了一個孩兒來,要早晚扶侍你。」

《西廂記》一本二折【三煞】白:「塔院側邊西廂一間房,甚是瀟灑,正可先生安下。見收拾下了,隨先生早晚來。」

《隔江鬭智》二【堯民歌】白:「母親,您孩兒有些不成器,早晚要你照顧咱。」

上引三例,意爲隨時。杜甫《江雨有懷鄭曲設》詩:「春雨闇闇塞峽中,早晚來自楚王宮。」《清平山堂話本·快嘴李翠蓮記》:「也須早晚訓誨。」《水滸》第三十九回:「早晚只在牢裏,伏侍宋江哥哥,有何不可?」又說:「早晚只在牢裏伏侍宋江,寸步不離。」皆其例。現在仍有此用法,如成蔭《打得好》:「玉鎖娘,可把老王交給你啦,早晚可得操心些。」

（二）

《竇娥冤》楔、白：「婆婆，女孩兒早晚呆痴，看小生薄面，看覷女孩兒咱。」

《金鳳釵》三【賀新郎】白：「小人早晚言高語低，躭待些兒。」

《打董達》一【金盞兒】白：「二位哥哥，則怕鄭恩早晚莽撞，衝撞哥哥，是必寬恕者！」

以上「早晚」各例，意猶有時、常或，表示時間不定之詞。

（三）

《遇上皇》一【金盞兒】白：「早晚尋他些風流罪過，害了性命，我娶了那女人爲妻，便是我平生願足。」

《趙氏孤兒》四、白：「這孩兒弓馬到強似我，就著我這孩兒的威力，早晚定計，殺了靈公，奪了晉國。」

《爭報恩》三、白：「如今把姐姐拖到官中，三推六問，屈打成招，早晚押上法場去。」

以上三例，意爲遲早，總有一天。敦煌變文《頻婆娑羅王後宮綵女功德意供養塔生天因緣變文》：「富貴嬌奢早晚休。」「早晚休」，謂遲早要完的。《京本通俗小說・錯斬崔寧》：「我雖是做了一世強人，只有這兩樁人命，是天理人心打不過去的；早晚還要超度他。」「早晚要超度」，謂遲早要超度也。皆其例。

（四）

《黑旋風》三【小將軍】白：「我隨身帶著這蒙汗藥，我如今攪在這飯裏，他吃了呵，明日這早晚，他還不醒哩！」

《秋胡戲妻》二、白：「我早間著人喚他去了，這早晚敢待來也。」

《東堂老》二【煞尾】白：「這早晚，多早晚也？」

《謝金吾》三【幺篇】白：「你便做著東廳樞密使來！想你當初不得志時，提著個灰罐兒，賣詩寫狀，那早晚也是東廳樞密使來！」

《盆兒鬼》楔、白：「到這蚤晚，怎麼還不見回來？」

以上各例，爲估量之詞，猶云時候，過去、現在和未來都適用：如例一指未來；例二、三、五即指現在；例四即指過去。

（五）

《三戰呂布》三【幺篇】白：「別人都報了功也，你這早晚纔來，你有甚麼功勞？」

《合汗衫》三、白：「我根前添了一箇孩兒，長成一十八歲，依了那賊漢的姓，叫做陳豹，每日山中打大蟲去。怎這早晚還不回家來吃飯哩？」

《㑳梅香》一【天下樂】：「不是我主意兒別，啜賺的你早晚行。〔云：〕豈不聞春宵一刻值千金？〔唱：〕你休辜負了鶯花三月景。」

《爭報恩》一、白：「這早晚王臘梅還不到房裏歇息，多喒又和丁都管鉤搭去了。」

以上所引各例，解作時候，對某些例子，雖講得通，但揣曲意，都側重在「晚」字，屬於反義詞偏用，不可和（四）項之義混淆不分。《紅樓夢》第四十三回：「你那裏去了？這早晚纔來！」此例也是強調「晚」字。

（六）

《救風塵》二【幺篇】：「他道是殘生早晚喪荒坵，做了個遊街野巷村務酒。」

《趙氏孤兒》二【紅芍藥】白：「程嬰，你說那裏話！我是七十歲的人，死是常事，也不爭這早晚。」

《李逵負荊》四【殿前歡】白：「這兩個賊子到的那裏？不必差人接應，只早晚敢待來也。」

《合同文字》一【混江龍】白：「二哥，我這窮命，只在早晚了也。你收拾這文書，保重將息者！」

以上諸例，猶云旦夕之間，即極短時間之內。李商隱《重有感》詩：「晝號夜哭兼幽顯，早晚星關雪涕收。」《喻世明言・沈小官一鳥害七命》：「看他左右只在早晚要死，不若趁這機會殺了。」《今古奇觀・宋金郎團圓破氈笠》：「那害癆的死在早晚。」皆其例。又作旦晚，如《古今小說・新橋市韓五賣春情》：「不勞分付，拙夫已尋屋在城，只在旦晚就搬。」義同。

（七）

《西廂記》一本二折【上小樓】白：「小生不揣有懇：因惡旅邸冗雜，早晚難以溫習經史；欲假一室，晨昏聽講。」

《合汗衫》一【天下樂】白：「我這家私裏外，早晚索錢，少個護臂。」

以上諸例，猶云朝暮、一早一晚。白居易《寄山僧》詩：「眼看過半百，早晚掃巖扉。」謂一早一晚均掃巖扉也。又《和弟行簡望郡南山》詩：「試聽腸斷巴猿叫，早晚驪山有此聲？」謂一早一晚，驪山那裏有猿啼聲也。他如：《京本通俗小說・拗相公》：「早晚常有村農數百，在此左近伺候他來。」《清平山堂話本・死生交范張雞黍》：「母親早晚勉強飲食，勿以憂愁自當。」《紅樓夢》第一百零九回：「以後賈政早晚進來請安。」早晚云云，皆此意也。字又作「蚤莫」，如《禮記・曲禮上》：「侍坐於君子，君子欠申，撰杖屨，視日蚤莫，侍坐者請出矣。」鄭玄注：「以君子有倦意也。蚤音早，莫音暮。」按蚤莫，即一早一晚也。

（八）

《漢宮秋》二【梁州第七】：「情繫人心早晚休？則除是雨歇雲收。」

《西廂記》五本一折【金菊花】：「書封雁足此時修，情繫人心早晚休？」

《莊周夢》三【滾繡毬】：「春花秋月何時了？夜去明來早晚休？」

以上各例，用爲疑問詞，表示時間不定，猶云何時。《莊周夢》例早晚與何時對應，是其明證。毛西河注《西廂》云：「作早晚，猶言多早晚，即幾時也。」李白《長干行》：「早晚下三巴，預將書報家？」又《口號贈徵君鴻》詩：「不知楊伯起，早晚向關西？」岑參《送郭義》詩：「何時過東洛，早晚度盟津？」權德輿《薄命篇》：「爲問佳期早晚是？人人總解有黃金。」白居易《暮歸》詩：「歸來長困臥，早晚得開顏？」五代・牛希濟【生查子】詞：「兩朵隔牆花，早晚成連理？」蘇軾《次韻曾子開從駕》詩：「道旁儻有中山舊，問我收身早晚回？」據以上所引唐宋各詩詞，更可進一步證明早晚即何時之意。

（九）

《董西廂》卷六【中呂調・牧羊關】：「你試尋思，早晚時分，迤逗鶯鶯去，推探張生病。恁般閑言語，教人怎地信？」

這裏「早晚」，用作指示詞，猶云這般；早晚時分，即這般時候。張相把它歸在「時候」一解裏，似不確。

早衙

蚤衙　晚衙　早晚衙

《鐵拐李》二：「〔卑隸人眾排衙料，云：〕早衙清淨，人馬平安。」

《殺狗勸夫》四【醉春風】白：「今日陞廳坐早衙，祗候人那裏，與我喝攛箱者！」

《村樂堂》三【後庭花】：「來日箇坐早衙，大人行把狀插，小夫人必事發。」

《灰闌記》二、白：「今日坐起蚤衙，左右，與我擡放告牌出去！」

《詞林摘艷》卷一小令【十棒鼓】：「準備今宵座晚衙。」

《盛世新聲》亥集小令【鴈兒落帶得勝令】：「燕度春秋社，蜂喧早晚衙。」

舊時官府每天有早晚兩次坐衙，接見群吏參謁，受理民刑案件。早晨的一次稱早衙，晚上的稱晚衙。白居易《舒員外遊香山寺……》詩：「早衙才退晚衙催。」李洞《江干即事》詩：「病臥四更後，愁聞報早衙。」蘇軾《示王定國》詩：「天風淅淅飛玉沙，詔恩歸休休早衙。」宋・邵伯溫《邵氏聞見錄》卷十一：「河南尹李中師待制、轉運使李南公等日蚤晚衙待之甚恭。」皆其例。早，一作蚤，古通用。早衙，又作曉衙，如唐・張祐《贈李修源》詩：「岳陽新尉曉衙參。」按：早，曉義同。

早難道

蚤難道

早難道，一作蚤難道，有豈不聞，說甚麼、與其等義。

（一）

《澠池會》二【小上樓】：「早難道『顛而不扶，危而不持』？你若是謀動干戈，境內分崩，四方離析。」

《合汗衫》二【鬼三台】:「哎，兒也！你個聰明人，怎便聽他慌詐？……早難道『神不容奸，天能鑒察』。」

《東坡夢》二【牧羊關】:「蚤難道『舌爲安國劍，詩作上天梯』？」

《桃花女》三【石榴花】:「怎麼未成親先使這拖刀計，蚤難道『人善得人欺』？」

早難道，豈不聞的意思。在這個詞的後面一般多引用成語或格言，以作論據，如上舉諸例是也。早，一作蚤，音義同。

（二）

《貨郎兒》三【堯民歌】:「與人家耕種洛陽田，早難道『笙歌引入畫堂前』？趁一村桑梓一村田，早難道『玉樓人醉杏花天』？」

《硃砂擔》二【賀新郎】:「諕的我戰兢兢提心在口，早難道『高枕無憂』？」

《秋胡戲妻》一【元和令】:「我想著儒人顛倒不如人，早難道『文章好立身』？」

以上各例，雖也帶成語或格言，但用反詰口氣表示否定，意爲說甚麼，即算不上之意也。

（三）

《遇上皇》四【折桂令】:「早難道宰相公侯，倒不如李四張三。」

此例是「與其」的意思，和下句「不如」相呼應，可證。

皁白

皂白

《蝴蝶夢》四【風入松】:「不是鬼疾言個皁白，怎免得這場災？」

《趙禮讓肥》三【越調鬬鵪鶉】:「只恁的天寬地窄，你也好別辨個賢愚，怎麼的不分個皁白？」

《漁樵記》二【倘秀才】:「我纔入門來，你也不分個皁白，你向我這凍臉上，不倈，你怎麼左摑來右摑？」

《董西廂》卷二【正宮・文序子纏】:「豈辨箇是和非，不分箇皂白。」

皁白，猶言黑白，比喻是非。《詩・大雅・桑柔》箋：「非不能分別皁白。」《三國志・魏志・鍾繇傳》注引《先賢行狀》：「弟於人何太無皁白耶？」《晉書・天文志下》：「建元二年，歲星犯天關。安西將軍庾翼與兄冰書曰：『……此復是天公憒憒無皁白之徵也。』」晉・葛洪《抱朴子・自敘》：不能明辨藏否，使皀白區分。《北史・臨淮王彧傳》：「中山皁白太多。」《舊唐書・裴寂傳》：「皁白須分。」此語直到現在仍被普遍使用，如說：分青紅皀白。

皁、皀同字異體。

皁蓋

皀蓋　皀盖

《老生兒》二【滾繡毬】：「有一日功名成就人爭羨，〔云：〕頭上打一輪皁蓋，馬前列兩行朱衣，〔唱：〕抵多少買賣歸來汗未消？」

《漁樵記》二【二煞】：「但有日官居八座，位列三台，日轉千堦，頭直上打一輪皁蓋，那其間誰敢道我負薪來？」

《太平樂府》卷四伯顏小令【喜春來】：「皀蓋朱皤列五侯。」

《詞林摘艷》卷四費唐臣散套【點絳唇・十載寒窓】：「我將這五車書黃卷隱胸中，忽然的一輪皀盖飛頭上。」

皁，黑色；蓋，傘也。魏・王肅《孔子家語・觀思》：「孔子將行，雨而無盖。」皁蓋，即黑色的傘，用來遮蔽陽光的，為古時官員出行時儀仗之一。《後漢書・輿服志上》：「中二千石、二千石皆皁蓋，朱兩幡。」杜甫《戲題寄上漢中王三首》(一)：「不能隨皀蓋，自醉逐浮萍。」均其例。皁蓋，或作皀盖。皀，同皁，見《玉篇》；盖，蓋之俗體，見《正字通》。

皁隸

皀隸

《岳陽樓》四【水仙子】白：「這位拿著拐兒的，不是皁隸？」

《鐵拐李》二：「〔皁隸人衆排衙科，云：〕早衙清淨，人馬平安。」

《青衫淚》二【滾繡毬】白：「小人是江州一個皀隸。」

皁隸，古時奴隸分為皁、輿、隸等幾個等級，後專以「皁隸」稱衙門裏的衙役（如清代衙役分為皀班、快班），並把供職於官府、出門呵禁犯人、入廳待命執刑、在旁侍立的差役，通稱做「皁隸」。元曲中的皂隸，就屬於這一類。

皁隸之稱，早見於古籍，如：《左傳》隱公五年：「皂隸之事，官司之守，非君所及也。」《左傳》襄公九年：「其庶人力於農穡，商工皂隸不知遷業。」《左傳》昭公七年：「士臣皁，皁臣輿，輿臣隸。」《漢書·貨殖傳》：「昔先王之制，自天子公侯卿大夫至於皁隸抱關擊㰏者，其爵祿奉養宮室車服棺槨祭祀死生之制，各有差品，小不得僭大，賤不得踰貴。」

皂雕旗

皂鵰旗　皂（皁）鵰

《衣襖車》三【雙鴈兒】：「俺這壁急慌忙撲倒了這雲月皂雕旗。」

《射柳捶丸》三、白：「馬壯人強隊伍齊，猛風吹颭皂雕旗。」

張可久小令【湘妃怨·懷古】：「秋風遠塞皂雕旗。」

《五侯宴》三、白：「鼉皮鼓喊聲振地，皂鵰旗蔽日遮天。」

張可久小令【金字經·觀獵】：「隨軍樂，繡旗雙皁鵰。」

《詞林摘艷》卷三白仁甫【粉蝶兒·塞社處人齊】：「則見鞭稍點處，三軍隊伍前後皆齊。見一雙皂鵰，空中招展，上下翻飛。」

旗子上面畫著黑雕的，叫皂雕旗；雕，或作鵰，同字異體。鵰是一種很凶猛的鳥，鷹之一種。宋·陸佃《埤雅》：「鷹，似鵰而大，黑色，俗呼皁雕。」杜甫《呀鶻行》：「彊神非復皁鵰前，俊才早在蒼鷹上。」旗子上畫它，當是爲壯軍威。《淵鑑類函》卷二二七《旌旗》：「按：《列子》：黃帝與炎帝戰，以雕、鶡、鷹、鳶爲旗幟。蓋旌旗之始也。」

造化

造物

造化：一、指創造化育萬物者；二、謂運氣、福分。元曲中諸例多屬後者。

（一）

《合汗衫》二【紫花序兒】：「且休說陰陽的這造化，許來大個東嶽神明，……他管你甚麼肚皮裏娃娃？」

上例，謂天地創造化育萬物，與今言自然律略同。漢・劉安《淮南子・精神訓》：「偉哉造化者。」注：「謂天也。」又《本經》：「與造化者相雌雄。」注：「天地也。」又《覽冥》：「懷萬物而造化也。」注：「陰陽也。」李白《望廬山瀑布》：「仰觀勢轉雄，壯哉造化功」；杜甫《望嶽》詩：「造化鍾神秀，陰陽割昏曉」均此意。《莊子・大宗師》：「偉哉夫！造物者將以予爲此拘拘也？」成玄英疏：「造物，猶造化也。」

（二）

《黑旋風》二【賺煞尾】詩云：「今日造化低，惹場大是非。」

《燕青博魚》一【初問口】白：「他如今不來尋你，就是你的造化了。」

《爭報恩》一【賺煞尾】白：「好造化也！恰好兩處都吃不成酒。」

《范張雞黍》一【那吒令】白：「這是各人的造物，你管他怎麼？」

《勘頭巾》一、白：「你看我那造物，不見一個人，當門臥著一隻惡犬。」

《魔合羅》二、白：「你看我的造物！頭裏著個弟子孩兒哄的我走了一日，如今又著這婆娘搶白我。」

舊時迷信，謂運氣、福分爲造化或造物。清・翟灝《通俗編・祝誦》：「按：今以人之饒有所得者爲有造化，因此謂其禀受於天地者厚也。元人雜劇有好造化、沒造化等語。」《水滸》第三十二回：「我的造物只如此偃蹇！」《桃花扇・守樓》：「香君既沒造化，你倒替他享受去罷！」《紅樓夢》第三十六回：「寶玉果然是有造化的。」又第四十六回：「我們也沒有這麼大造化。」等等，例不勝舉。造化一詞，流布很廣，至今南北口語中仍習用。

懆暴

燥暴　躁暴　操暴　操抱　嗽噪

《張生煮海》二【採茶歌】白：「只見龍神懆暴，怎生容易將愛女送你爲妻。」

《灰闌記》二【後庭花】：「則聽的耳邊廂大呼小叫，似這惡令史肯恕饒，狠公人顯懆暴。」

《三戰呂布》二、白：「哥哥說的是，你則休懆暴。」

《伍員吹簫》三【石榴花】白：「是鱄諸一時間懆暴，再不敢了也。」

《劉行首》三【滿庭芳】：「你休施懆暴，莫逞豪傑。」

《趙禮讓肥》二【倘秀才】：「這廝那不劣缺的心腸決姦狡，寬展那猿猱臂，側坐著虎熊腰，雄糾糾施呈那燥暴。」

《金鳳釵》二【鬬鵪鶉】：「哎！你箇謅魯肅周瑜好躁暴，惡歆歆搭住繫腰。」

《黃粱夢》四、白：「我有箇孩兒，雖是出家人，性子十分躁暴。」

《柳毅傳書》一【混江龍】：「忒躁暴，太粗疏。」

《還牢末》二【雙鴈兒】：「哥哥你休躁暴，孩兒難打熬。」

《金錢記》四【喬牌兒】：「想著那俏人兒曾受爺操暴，休將漢相如錯送了。」

《三奪槊》二【鬬鵪鶉】：「不用呂望六韜，黃公三略，但征敵處操抱，相持處嗽懆。」

懆暴，情迫急謂之懆，兇猛謂之暴。合言之，懆暴即性格猛烈、粗暴、愛動火、發脾氣之意。懆暴，或作燥暴、躁暴、操暴、操抱、嗽懆，意並同。《說文》：「懆，不安也。」《荀子・富國》：「躁者皆化而愨。」注云：「躁，暴急之人也。」懆、躁音同義近。他如燥、操之於懆，抱之於暴，均爲借音字。《金瓶梅》第三回：「卻不可懆爆，便去動手動腳，打攪了事。」懆爆之爆，也是借音字，義亦近。

則

只　子　自

《金錢記》一【醉中天】：「則見他猛探身，漾在車兒下。」

同劇二【煞尾】：「則落的一聲喘。」

《隔江鬬智》二【煞尾】：「怕只怕，母兄上別了情；愁只愁，夫妻上傷了美。」

《西廂記》一本二折【耍孩兒】：「本待要安排心事傳幽客，我子怕漏洩春光與乃堂。」

《范張雞黍》三【掛金索】:「恨子恨這個月之間，少個人來問候。」

《盛世新聲》【南呂一枝花・珍奇上苑花】:「常自是宿鴛鴦，搭苫下紅茶洞。」

則，或作只、子、自，僅詞，表示限量。或又作秖，如明・朱有燉雜劇《靈芝慶壽》二、白:「秖今五福在中原。」按則、只、子、自、秖，並一聲之轉，用法均同。口語中「c」與「zh」常通轉，今安徽人就呼「只」爲「子」，呼「豬」爲「資」。

宋・方岳【哨遍・問月】詞:「恐古時月與今時異，恨則恨今人不千歲。但見今冰輪如洗。」亦其例。

則索

只索　子索

《漢宮秋》三【雙調新水令】:「錦貂裘生改進漢宮妝，我則索看昭君畫圖模樣。」

《梧桐雨》二【古鮑老】:「卿呵，你則索出幾點瓊珠汗。」

《貶黃州》二【倘秀才】:「呵凍手，聳雙肩，我只索向前。」

《百花亭》一【金盞兒】:「只索央及你撮合山、花博士，休使我沒亂煞，做了鬼隨邪。」

《漢宮秋》二【隔尾】白:「來到西宮閣下，只索進去!」

《追韓信》一【那吒令】:「便有個姜子牙也難應非熊兆，子索把綠蓑衣披著。」

同劇同折【後庭花】:「赤緊在他心投下，子索伏低且做小。」

則索:只須，只得，只好。則，一作只、子，爲一聲之轉。參見「則」字條。《京本通俗小說・錯斬崔寧》:「若是照前這般不順溜，只索罷了。」亦其例。

則箇

只個　子箇　之箇

則箇，多用於句尾，用作語助詞，有時也用於句中作襯字。

（一）

《竇娥冤》楔、白：「留下女孩兒在此，只望婆婆看覷則箇。」

《梧桐雨》一、白：「咱乞巧則箇。」

《倩女離魂》四【古水仙子】白：「母親，望饒恕你孩兒罪犯則箇！」

《玉鏡臺》一、白：「我先將這得志的説一遍則箇。」

《馮玉蘭》一、白：「專等老爺到時，一同開船只個！」

《董西廂》卷二【小石調·花心動】：「可憐自家，母子孤孀，投託解元子箇！」

同書卷三【仙呂調·尾】：「奴哥，託付你方便子箇！」（一本作「子箇」）

則箇，語尾助詞，用法略同著、者、咱，和現代漢語呢、罷、了相類似，用以表示商量、叮囑、希望或加重語氣。則箇，或作只個、子箇、之箇，見上舉各例；另又作則個、則个、只箇，例如：《警世通言·俞仲舉題詩遇上皇》：「今夜三月十五日，月色光明，何不往花園中散悶則個。」巾箱本《琵琶記》十【憶秦娥】白：「待奴家著道理，勸解則个。」《清平山堂話本·董永遇仙傳》：「望先生指引只箇。」按則、子、只，口語中常通用。箇、個、个，同字異體。

上述則箇一詞，在宋代已普遍使用，例如：趙長卿【瑞鶴仙·賞梅】詞：「更那堪得，冰姿玉貌，痛與惜則箇。」葛長庚【賀新郎】詞：「衷腸底事君知那，要繫絃管，又且沈睡則箇。」《朱子語類·中庸》：「謂如水長長地流到高處又略起伏則箇。」皆是也。

（二）

《詞林摘艷》卷一無名氏小令【兩頭蠻·四季閨怨】：「堪憐堪愛，倚定門兒手托則箇腮；好傷則箇懷，一似那行了他不見則箇來，盼多則箇才。」

又：「守空則箇房，一似那行了他不見則箇郎；好恓則箇惶，忙把明香禱告上蒼。」

又：「自僝則箇僽，一似那行了他不見則箇遊；怕登則箇樓，月兒灣灣照九洲。」

又：「訴與則箇誰，好傷則箇悲，一似那行了他不見則箇回；受孤則箇恓，去了朱顏喚不回。」

以上所引，則箇作襯字用，在句中僅起聲調襯托作用，無實義。

則聲

子聲

《硃砂擔》一【梁州第七】白：「你自睡去：我拽上這門，插上這鎖，你但則聲，我就殺了你。」

《董西廂》卷四【中呂調・尾】：「牙兒抵著不敢子聲。」

則聲，猶今云作聲；則、作一聲之轉。周密《癸辛雜識》：「天台徐子淵賦【一剪梅】以譏某長官云：『道學從來不則聲，行也《東銘》，坐也《西銘》。』」是北宋已有此語矣。則聲，或作子聲、側聲（如《殺狗記》十二：「不要側聲」），意並同。「側」當爲「則」字的形誤。按：此語今亦作「吱聲」，如周立波《暴風驟雨》：「老花坐炕沿，半晌不吱聲」，是也。則、作、子、吱，均一轉之轉。

則麼耶

《西廂記》一本二折【朝天子】：「好模好樣忒莽撞，沒則羅便罷，煩惱則麼耶唐三藏？怪不得小生疑你，偌大一箇宅堂，可怎生別沒箇兒郎，使得梅香來說勾當。」

則麼，即怎麼之意。則、怎雙聲通假。耶爲助詞。「煩惱則麼耶唐三藏」？意爲「老師傅怎麼不痛快呀」？王季思注云：「『則麼』，《雍熙樂府》卷七錄本套作『怎麼』，元劇『則』『怎』多通用，《竹葉舟》劇第四折【倘秀才】曲：『則問搗蒜似街頭拜怎摸』，士禮居藏元刊本『怎摸』亦作『則麼』。『耶』當作『那』，形近而誤。唐三藏即調侃法本。『煩惱則麼耶唐三藏』，與《西天取經》劇第十七齣【金盞兒】曲：『焦則麼那村柳舍，叫則麼那唔顏郎』，句法正同。徐文長以『則麼耶』爲僧名，失之。」王氏所證，是。但助詞耶字，義同呀，不必作那，因同爲助詞，並無實義。

則管裏

則管里　則管哩　只管裏　只管里　子管裏

《謝天香》一【醉扶歸】白：「這裏是官府黃堂，又不是秦樓楚館，則管裏謝氏：謝氏！」

《牆頭馬上》二【南呂一枝花】白：「今夜好歹來也，則管裏作念的眼前活現。」

《紫雲庭》二【菩薩梁州】：「這里卻是那里，則管里脣三口四，唱叫揚疾。」

《漁樵記》二【滾繡毬】：「他那裏斜倚定門兒手托著腮，則管哩放你那狂乖。」

《張天師》二【黃鍾尾】：「自去年到今日，曾有甚爲盟記，只管裏苦思憶。」

《貨郎旦》二【沽美酒】：「逞末浪，不即留，只管裏賣風流。」

《瀟湘雨》三、白：「只管裏將我來棍棒臨身，不住的拷打。」

《東窗事犯》二【十二月】：「笑你個朝中宰職，只管里懊惱闍梨。」

《董西廂》卷五【黃鍾宮・雙聲疊韻】：「眼又瞑，頭又低，子管裏長出氣。」

《梧桐雨》四【滾繡毬】：「子管裏珠連玉散飄千顆，平白地瀽甕番盆下一宵，惹的人心焦。」

則管裏，只管的意思。則，或作只、子，均爲一音之轉，參見「則」字條。裏，或作里，哩，語助詞，同音通用。

賊醜生

賊丑生　醜賊生

《牆頭馬上》三【得勝令】白：「既然簪折瓶墜，是天著你夫妻分離，著這賊醜生與你一紙休書，便著你歸家去。」

《東堂老》一【混江龍】白：「我知道了也，等那賊醜生來時，我自有個主意。」

《殺狗勸夫》三【幺篇】:「是一個啜狗尾的喬男女,是一個拖狗皮的賊醜生。」

《陳州糶米》一【後庭花】:「任從他賊醜生,百般家著智能,遍衙門告不成,也還要上登聞將怨鼓鳴。」

《三奪槊》二【賀新郎】:「不沙,賊丑生,你也合早些兒通報。」

《老生兒》三【幺篇】白:「呸!醜賊生,干你甚事?」

賊醜生,罵人的話。醜生復冠以賊字,極言之也。醜生,即畜生的聲轉。參看「醜生」條。

怎生

怎生:一、用作疑問詞,意猶怎麼、怎樣;二、謂「務必想辦法」,含乞求口氣。

(一)

《劉知遠諸宮調》十二【正宮・文序子】:「李洪信叨叨地何曾住口,知遠那窮神怎生甘受?」

《竇娥冤》一【一半兒】白:「羞人答答的,教我怎生説波!」

《秋胡戲妻》三【普天樂】白:「可怎生得他回頭,我看他一看,可也好那!」

《合汗衫》四【雙調新水令】白:「員外怎生這般窮暴了來?」

怎生,意猶怎麼、怎樣、如何。生爲語助詞,無義。過去研究者謂唐人作品多用「爭」,宋元作品多用「怎」。但怎生一詞,唐代已使用,如敦煌變文《維摩詰經菩薩品變文甲》:「怎生得受菩提禮」,是也。李清照【聲聲慢】詞:「守著窗兒,獨自怎生得黑?」李甲【帝臺春】詞:「拚則而今已拚了,忘則怎生便忘?」《朱子全書・孟子》:「問:外柄三年,仲壬四年,先生兩存趙氏、程氏之説,則康節之説亦未可遽耶?曰:『怎生便信他?』」皆其例。

(二)

《襄陽會》楔、白:「既老母又這般説,怎生請師父。若到新野,那其間著人來,可取老母到新野,同享富貴,有何不可?」

《青衫淚》四【上小樓】:「怎生地使手法,待席罷敲他一下。」

《西廂記》一本二折【朝天子】白：「小生亦備錢五千，怎生帶得一分兒齋，追薦俺父母咱。」

《剪髮待賓》一、白：「今寫了一箇錢字，一箇信字，當在夫人這裏，怎生當與小生五貫長錢使用。」

《合同文字》一【鵲踏枝】白：「只望員外廣脩陰德，怎生將劉安住孩兒，擡舉成人長大。」

《陽春白雪》後集五普察善良散套【新水令・聽樓頭畫鼓打三更】：「雁兒！你卻是怎生暫停，聽我訴離情。」

以上各例，意爲務必設法，含有乞求口氣；仍從第一義引申而出，如同「如何」一詞，既可爲疑問之詞，也可作爲含有商量、請求之義用。元明間無名氏雜劇《怒斬關平》四【雙調新水令】：「〔張苞云：〕怎生饒過關平者！〔正末云：〕他的罪饒不過。」又無名氏雜劇《魏徵改詔》二【黃薔薇】白：「將軍！怎生縱放我，此恩異日必當重報。」皆其例。

（三）

《竇娥冤》二【隔尾】白：「相公，他是告狀的，怎生跪著他？」

同劇四【沉醉東風】白：「奇怪！我正要看文卷，怎生這燈忽明忽滅的？」

《後庭花》一、白：「王慶，怎生這幾日不見你？」

《金錢記》三、白：「自從師父到我家書堂裏教書，也不作詩寫字，鎮日在我家後廳啼哭。口裏念道：『小姐！小姐！』不知怎生？」

以上各例，意爲爲甚麼、爲何，表疑問。万俟咏【木蘭花慢】詞：「雙燕歸來問我，怎生不上簾鉤？」義同。

眨眼

斬眼　𥉌眼　扎眼　詐眼兒

《金鳳釵》一【天下樂】：「覷功名筍指般休，看榮華眨眼般疾。」

《城南柳》一【混江龍】：「嘆人間甲子須臾，眨眼間白石已爛。」

《度柳翠》一【油葫蘆】：「巡指間，春又秋；斬眼間，晨又昏。」

《金安壽》四【胡十八】:「人世光陰，如同斬眼。」

《漁樵記》二【滾繡毬】白:「直等的那日頭不紅，月明帶黑，星宿蹔眼，北斗打呵欠。」

《來生債》二【紅繡鞋】白:「我那裏睡來，一夜恰好不曾扎眼，整定害了我一夜。」

《陳州糶米》三【梁州第七】:「便有那將咱相凌賤，你也則詐眼兒不看見。」

眨（zhǎ），目動也，見紐樹玉《說文新附》。唐・釋玄應《一切經音義》引《字苑》云:「眨，目數開閉也。」今口語中仍有「一眨巴眼」的說法，就是眼睛很快地一開一閉，極喻時間之短。宋・吳曾《能改齋漫錄》卷十七:「待不眨眼兒覷著伊，將眨眼底工夫剩看幾遍。」眨，或作斬、蹔（zhǎn）、扎（zhá）、詐（zhà），如上舉各例；另又作閘（zhá）、翜（shà）、煞（shà）、蘸（zhàn）、展、窄，例如:《西遊記》第四十一回:「閘閘眼火焰齊生。」《醒世恒言・吳衙內鄰舟赴約》:「翜翜眼便過了一日。」二刻《拍案驚奇・李將軍錯認舅，劉氏女詭認夫》:「一眼不煞，坐在那裏。」《長生殿・驚變》:「睡銀塘鴛鴦蘸眼。」《紅樓夢》第六回:「展眼又是一連八九下。」《兒女英雄傳》第十五回:「眼睛一窄巴。」按:各字均爲眨字的聲轉，義並同。

乍

「乍」的含義很多，舉其要有九。

（一）

《澠池會》楔、白:「惱的我髮乍衝冠，怒的我氣衝斗牛。」

《梧桐雨》三【撥不斷】:「説的我戰欽欽，遍體寒毛乍。」

《圯橋進履》四【雙調新水令】白:「未曾舉口，申陽將軍可早怒生兩肋，髮乍衝冠。」

《留鞋記》三【石榴花】:「郭華因咱，諕的我兢兢戰戰寒毛乍。」

《小尉遲》二【中呂粉蝶兒】:「不由我這胡髯乍滿領頦。」

人受驚或憤怒時鬚髮聳立的樣子，稱做「乍」。乍爲磔（zhé）字的借用。元明間無名氏雜劇《怒斬關平》四【川撥棹】:「乍開髭髩，剔豎神眉。」亦其例。此用法現在口語仍沿用。例如徐光耀《平原烈火》:「老大娘越說越氣，連頭上白髮也震震抖著，像是要乍起來一樣。」

（二）

《詞林摘艷》卷一小令【十棒鼓】:「門兒外簾子前，雪兒又紛紛下。繡鞋兒懶去踏，迎門兒馬兒上身子乍。」

以上「乍」字，爲矜誇做作貌。明·陳汝元雜劇《紅蓮債》二【攪箏琶】:「顛不剌相見兒乍。」湯顯祖傳奇《紫釵記·佳期議允》:「他芳心染惹，怕春著裙腰身子兒乍？」皆其例。參見「詐」字條（三）。

（三）

《昊天塔》二【中呂粉蝶兒】:「我做的一個個活捉生拏，湧彪軀，舒猿臂，肝橫膽乍。」

《鴛鴦被》二【正宮端正好】:「不由我意張狂，心驚乍。」

《盆兒鬼》四【滾繡毬】:「盆兒也！道假來你又不是假，道耍來你又不是耍，直被你諕得人心慌膽乍。」

以上「乍」字，意猶裂，現在通作「炸」；張相解爲衝動（見《詩詞曲語辭匯釋》），似欠準確。

（四）

《西廂記》四本一折【寄生草】:「乍時相見教人害，霎時不見教人怪，些兒得見教人愛。」

上舉「乍」字，謂瞬息、俄頃，極言時間之短。從乍時、霎時、些兒的排比上看，亦可爲證。

（五）

《曲江池》一【混江龍】:「我逐朝席上，每日尊前，可臨郊外，乍到城邊。」

《樂府群珠》卷二曾瑞卿【南呂小令·惜花春起早】:「酒暈煩，人乍怯，風兒劣。」

乍，正也，恰也。例一乍、可互文，可證。唐·張九齡《晨坐齋中偶而成詠》詩:「寒露潔秋空，遙山紛在矚；孤頂乍修聳，微雲復相續。」乍修聳，謂正修聳也。郎士元《送林宗配雷州》詩：「海霧多爲瘴，山雷乍作鄰。」乍作鄰，謂正作鄰或恰作鄰也。宋・歐陽修【玉樓春】詞：「腰柔乍怯人相近，眉小未知春有恨。」乍怯，謂正怯也。元・張翥【珍珠簾】詞：「涼透小簾櫳，乍夜長遲睡。」乍夜長，謂正夜長也。均可證。

（六）

《紫雲庭》三【十二月】：「教我兜地皮痛，乍地心酸。」

乍，忽也，猝也、遽也。這是「乍」字最普遍的用法。《孟子・公孫丑上》：「今人乍見孺子將入於井。」《漢書・王尊傳》：「一尊之身，三期之間，乍賢乍佞，豈不甚哉！」南北朝・庾信《哀江南賦》：「乍風驚而射火。」唐・韋應物《聽鶯曲》：「乍去乍來時遠近，聞南陌又東城。」以上皆其意也。現在口語仍沿用，如杜鵬程《保衛延安》：「乍地一個人從身後趕上來喊：『報告！』」

乍，或借作詐，如《公羊傳》僖公三十三年：「詐戰不日。」何休注：「詐，卒（猝）也。」陳立義疏：「詐，蓋乍之借，不結日而戰，亦近於詐期。」

（七）

《太平樂府》卷五鍾繼先小令【罵玉郎帶感皇恩採茶歌・夏】：「端陽過了炎威乍。」

此「乍」字，狀迸射之詞，含義近於炸。《牡丹亭・幽媾》：「閃一笑風流銀蠟，月明如乍，問今兮何年星漢槎？」亦其例。

（八）

《董西廂》卷五【中呂調・千秋節】：「雛鸞嬌鳳乍相見。」

《西廂記》一本一折【油葫蘆】：「歸舟緊不緊如何見？恰便似弩箭乍離弦。」

《凍蘇秦》一【油葫蘆】：「昨日個風又起，今日箇雪乍晴。」

上舉「乍」字，意猶初、猶才。唐・司空曙《雲陽館與韓紳宿別》：「乍見翻疑夢，相悲各問年。」柳永【黃鶯兒】詞：「乍出暖煙來，又趁游蜂去。」周密【齊天樂・賦蟬】詞：「槐陰忽送清泠怨，依稀乍聞還歇。」明・于謙《偶題》詩：「山雨乍晴時。」所用「乍」字意俱同。清・劉淇《助字辨略》卷四：「王仲初詩：『乍到宮中憶外頭。』此乍字，猶甫也，今謂初到曰乍到也。」此語現在仍這樣說，如云「初來乍到」。

（九）

《梨園樂府》上白樸散套【點絳唇】：「雨晴雲乍，極目山如畫。」

此「乍」字，謂收也。《樂府群珠》卷四曾瑞卿小令【紅繡鞋·風情】：「期白晝家前院後，約黃昏雨歇雲收。」《盛世新聲》辰集王廷秀散套【粉蝶兒·怨別】：「相思病難療，雲收雨歇，魄散魂消。」兩例「雨歇雲收」、「雲收雨歇」與「雨晴雲乍」句意正同，可證。

除以上九解外，乍字還有其它涵義，如：南朝梁·庾信《和張侍中述懷》：「時占季主龜，乍販韓康藥。」此乍字與時字互文爲意。庾信《燈賦》：「輝輝朱燼，焰焰紅榮，乍九光而連采，或雙花而並明。」此乍字與或字互文爲意。唐·元稹《古決絕詞》：「乍可爲天上牽牛織女星，不願爲庭前紅槿枝。」乍可，寧可也，與下文不願相呼應，可證。明·馮惟敏雜劇《僧尼共犯》一【寄生草】：「鼓槌兒敲打的鼕鼕乍，鐃鈸兒拍打的光光乍，木魚兒瓜打的膨膨乍。」此乍字，係狀聲詞，北音呼同「插」。明·王衡雜劇《再生緣》一【調笑令】：「我本待強回身暫轉頭，只爭是界破啼痕怎乍收？」此乍字意猶暫，怎乍收，怎暫收（淚）也。《西遊記》第三十二回：「乍想到了此處，遭逢魔障，又被他遣山壓了。」此乍字意猶怎、猶那（nǎ），疑問詞。

詐

窄

詐：一、謂欺騙；二、指漂亮、俊俏、整齊，或作「窄」；三、謂矜誇；四、謂體面。

（一）

《西廂記》三本三折【清江引】：「沒人處則會閑嗑牙，就裏空奸詐。」

《全元散曲》下無名氏散套【點絳唇】：「自高自大，狂言詐語。」

詐，欺也，僞也。《左傳》宣公十五年：「我無爾詐，爾無我虞。」《禮·樂記》：「知者詐愚。」疏：「謂欺詐愚人也。」王伯良注《西廂》云：「詐，喬也。」按喬亦僞也。敦煌變文《維摩詰經菩薩品變文乙》：「出巧語而詐言切切。」詐言，就是假話、騙人的話。《清平山堂話本·快嘴李翠蓮記》：「你兒媳婦也不村，你兒媳婦也不詐。」《張協狀元》戲文：「三分似人，休得要言語詐。」皆其例。

（二）

元刊本《薛仁貴》四【太平令】:「生得龐道整，身子兒詐，帶著朵像生花，恰似普賢菩薩。」

《董西廂》卷一【般涉調・牆頭花】:「不苦詐打扮，不甚艷梳掠。」

《西廂記》三本三折【攪箏琶】:「打扮的身子兒詐，準備著雲雨會巫峽。」

張可久小令【滿庭芳・春情】:「錦胡同雕鞍詐馬，玉娉婷妖月嬈花。」

《董西廂》卷一【仙呂調・尾】:「遮遮掩掩衫兒窄。」

詐，謂漂亮、俊俏、整潔。詐，一作窄，音近義同。元劇中常見「衣裳窄窄」這類話，和「帽兒光光」相並舉，可爲證。宋・趙長卿【南鄉子】詞:「楚楚窄衣裳，腰身佔卻，多少風光。」楚楚窄衣裳，即謂整齊漂亮的衣裳。

（三）

《董西廂》卷七【中呂調・牧羊關】:「詐又不當箇詐，諂又不當箇諂。」

《看錢奴》一【六幺序】:「馬兒上扭揑著身子兒詐，做出那種般般樣勢，種種村沙。」

以上「詐」字，意爲扭揑做態，以示矜誇。義同「乍」字條（二），可互參。

（四）

《董西廂》卷七【正宮・尾】:「得箇除授先到家，引著幾對兒頭答，見俺那鶯鶯大小大詐！」

此「詐」字，謂體面;「大小大詐」，猶云:多麼的體面！

元曲中「詐」又有伶俐之意，如關漢卿雜劇《詐妮子調風月》中的「詐妮子」，意即謂聰明伶俐的侍婢。

詐熟

乍熟兒

《看錢奴》四【紫花兒序】白:「這老兒就來詐熟也。」

《合同文字》三【醉春風】白：「甚麼伯娘！這小的好詐熟也！」

《黃鶴樓》三【雙調新水令】白：「我怎生推一箇乍熟兒，他說我姓張，我便姓張，他說我姓李，我便姓李，我則得上的這樓去呵，我自有箇主意。」

脈望館鈔校本《曲江池》一、白：「這廝正是王家店裏安下的滎陽來的鄭秀才，他將著好些財物，俺乍熟兒偌他一偌。」

詐熟，謂假冒熟識。按：詐，假裝也，如《三國演義》第十二回：「曹洪詐敗而走。」詐，一作乍，同音假借。兒，語尾助詞，無義。

側憋憋

窄窄別別

《村樂堂》二【梁州】：「眷的是側憋憋廚房中暄熱，愛的是寬綽綽過道裏風涼。」

《調風月》一【鵲踏枝】：「入得房門，怎回身？廳獨臥房兒窄窄別別，有甚鋪呈？」

側憋憋（zhāi biē biē），狹窄貌，與下句寬綽綽反襯可證。一作窄窄別別，義同。因知側憋憋即窄別別，側即窄的借用字。《儒林外史》第六回：「房子窄鼈鼈的。」《醒世姻緣》第六回：「衙門窄鼈鼈的。」按：憋憋、別別、鼈鼈，皆雙音語助詞，無義，但起強調作用。憋、別、鼈，同音通用。《西遊記》第六十七回：「十分你家窄逼沒處睡。」「窄逼」之「逼」，也是同音通用字。今口語中仍如此說。

摘厭

《任風子》一【混江龍】：「客喧席上，酒到跟前，何曾摘厭，並不推言。」

摘，離也；摘厭，即離厭，倒轉爲「厭離」。何曾摘厭，猶云何曾厭離也。上引曲文四句：「客喧席上，酒到跟前，何曾摘厭，並不推言。」後兩句分承前兩句：一言客盡歡而不去，一言酒雖多而不辭，故云厭離，即不願離開筵席也。「摘」所以訓爲「離」，可參看「摘離」條。（採許政揚《宋元小說戲曲語釋》說。）

摘離

離摘　摘黎

《謝天香》二【煞尾】:「罷、罷、罷!我正是閃了他悶棍著他棒,我正是出了箏籃入了筐。直著咱在羅網,休摘離,休指望,便似一百尺的石門,教我怎生撞?」

《魯齋郎》四【梅花酒】:「夫共妻,任摘離;兒和女,且隨他。」

《後庭花》四【滾繡毬】:「常言道:『天網恢恢』,你則待廝摘離。」

《玉壺春》四【得勝令】:「得遂了于飛,同心結,莫摘離。」

《紫雲庭》二【紅芍藥】:「兀的那般惡緣惡業鎮相隨,好教人難摘難離。」

《倩女離魂》三【幺篇】:「他緊摘離,我猛跳起,早難尋難覓。」

《救孝子》楔【仙呂賞花時】:「可正是目下農忙難離摘。」

《張生煮海》二【牧羊關】:「猛地裏難迴避,可教人怎離摘?」

《太平樂府》卷九杜善夫散套【耍孩兒·喻情】:「楮樹下梯要摘黎。」

摘離,猶云脫離、離開。倒作離摘,或兩字分開用,義並同。曲中用語,爲叶韻計,如別離、分離、解放、臨逼、福分、落薄、恁迭、答剌、蹺蹊等等,均可隨韻腳顛倒用之。宋·王楙《野客叢書》卷二十八所釋「慷慨」等語,講顛倒叶韻的用法甚詳,「摘離」亦其類也。或作摘黎,黎諧離音,義同。

但「摘」之訓「離」,不見字書,大概是宋金元人口語,約定俗成耳。宋·楊萬里《和湯叔度雪》詩:「更覺梅枝殊摘索,只驚蓬鬢卻羈單。」又《五月十六夜病中無聊起來步月》詩:「舊健肯饒梅摘索,新羸翻羨竹平安。」此「摘索」即離索也。《金史·刑志》:「監察御史史肅言:《大定條理》:自二十年十一月四日以前,奴娶良人女爲妻者,並準已娶爲定,若夫亡,拘放從其主。離夫摘賣者,令本主收贖,依舊與夫同聚。……而《泰和新格》復以夫亡服除準良人例,離夫摘賣及放夫爲良者,並聽爲良。」此摘賣猶離賣,指受財離婚,即《元史》所謂「賣休」也。《元典章·吏部·典史》:「本部議得:隨路職官,非奉朝省明文,不得擅自離職;如有摘勾,或因公被差,止有獨員者,上司不知,若有委用他處公事,只合回申所屬官司,別行差遣。」此摘勾,即離職他幹之意。勾爲勾當之省詞。同書《吏部·差委》:「御史臺據監察御史呈：『竊聞四海百姓，宅生於刺史，懸命於縣令；親民之官，民命之所由寄也。如近年以來，差往山場伐木，監造船隻者有之；他州收買料，監造軍器者有之；更或遠方押軍，跨海運糧；州縣正官，爲之一空。動是經年，不得還職。署事之日常少，出外之日常多。是民間無所愬苦，而府縣日以不治，此其由也。莫若今後必合摘官勾當事務，存留長官，常守其職。』」此摘官，謂離任也。據以上所引，可證「摘」、「離」同義，既然同訓，故兩字可以分開使用，如上舉之《紫雲庭》之例；也可顚倒用，如上舉之《救孝子》、《張生煮海》等例。（參許政揚《宋元小說戲曲語釋》。）

元曲以外，「摘離」的例子，如《水滸》第二回：「只一挾，把陳達輕輕摘離了嵌花鞍。」《牡丹亭・歡撓》：「順風兒斜將金佩拖，緊摘離百忙的淡妝明抹。」等等不勝舉。

債負

《冤家債主》四【得勝令】白：「都是大孩兒塡還你那債負。」

《岳陽樓》四【駐馬聽】：「我若是欠人債負，俺那裏白雲滿地無尋處。」

《來生債》二【石榴花】：「想著俺借錢時，有甚惡心術，怎知做今生債負？」

債負，即負債，猶云債務。《漢書・鄧通傳》：「通家尚負責（債）數鉅萬。」《後漢書・左雄傳》：「寬其負算。」注：「負，欠也。」故「債負」爲複義詞。此詞古籍中多見之，如：敦煌變文《壚山遠公話》：「緣貧道宿世曾爲保見（兒），有其債負未還。」宋・黃庭堅【滿庭芳・妓女】詞：「占春才子，容易託行媒。其奈風情債負，煙花部，不免差排。」《京本通俗小說・菩薩蠻》：「爲前生欠他債負，若不當時承認，又恐他人受苦。」《警世通言・玉堂春落難逢夫》：「憑老鴇說謊，欠下許多債負，都替他還。」皆其例。

寨兒

《雲窗夢》四【川撥棹】：「他帶減腰圍，我玉削香肌，做得來掀天撲地，寨兒中鼎沸起。」

《詞林摘艷》卷五散套【新水令・鳳臺人去憶吹簫】:「則爲那陋巷裏的酸丁，惡了些寨兒裏的書生，閃下這畫閣內的娉婷。」

《陽春白雪》後集五無名氏散套【新水令】:「寨兒中風月煞經諳，收心也合搠淬。」

寨，本爲防守用的柵欄。元曲中則借以指妓女所居之處。或名之曰「鶯花寨」，如《兩世姻緣》劇四折【水仙子】:「你將個相公宅，看覷似鶯花寨。」《玉壺春》劇四折【沽美酒】:「也只爲鶯花寨聲名非是美，情願做從良正妻，結婚姻要成對」等，皆是。

沾污

沾污　展污　展汚　展汙　展涴

《望江亭》一【幺篇】:「姑姑，你只待送下我高唐十二山，枉沾污了你這七星壇。」

《連環計》四【胡十八】白:「可不連你那祖公李通忠孝之名，都沾污了。」

《貨郎旦》四【梁州第七】白:「嗨！沾汚了我這手也。」

《謝天香》三【倘秀才】:「想是我出身處本低微，則怕展汚了相公貴體。」

《玉鏡臺》三【滿庭芳】:「大人家展汚了何須計，只要你溫夫人略肯心回，便瀽到一兩甕香醪在地，澆到百十箇公服朝衣，今夜裏我早知他來意，酒淹得袖濕，幾時花壓帽檐低？」

《魯齋郎》三【石榴花】:「你待展汙俺婚姻簿，我可便負你有何辜？」

《樂府群珠》卷四劉時中小令【朱履曲・鞋杯】:「潋艷得些口兒潤，淋漉得拽根兒漕，更䣐口唵嗒的展涴了。」

沾污，弄髒之意，名詞作動詞用。沾爲玷的通借字；玷，玉石上的瑕點。《詩・大雅・抑》:「白圭之玷，尙可磨也。」玷污，同沾污，《論衡・累害》云:「以玷污言之，清受塵而白取垢。」沾，一作展，音近借用。污、汚、汙，同字異體。涴（wò），意同污。此詞，現在還這樣用。

沾拈

沾粘　占粘　粘拈

《貶夜郎》三【快活三】：「沾拈著不摘離，廝胡突不伶俐。」

《雍熙樂府》卷十湯式散套【一枝花・旅中自遣】：「一片心遠功名無甚沾粘。」

《盛世新聲》【仙呂點絳唇・月令隨標】：「連你那巧板兒沾粘的有下稍。」

《太平樂府》卷七沙正卿散套【鬬鵪鶉・閨情】：「方信道相思是歹證候，害的來不明不久。是做的沾粘，到如今潑水難收。」

《詞林摘艷》卷三《販茶船雜劇》【石榴花】：「風塵行不待占粘，如今這七香車、五花誥，倒做了脫擔兩頭尖。」

《雍熙樂府》卷三無名氏散套【端正好・相憶】：「我爲你風月擔儘力粘拈。」

沾拈（nián），意謂沾連、沾染、牽惹。一作沾粘、占粘、粘拈，音義同。

沾灑

《董西廂》卷五【高平調・尾】白：「紅娘亦爲之沾灑。」

同書卷八、白：「珙披衣，取鶯鶯書及所賜之物，愈添沾灑矣。」

《伍員吹簫》二【南呂一枝花】：「淚沾灑四野征塵，氣吁成半天毒霧。」

沾灑（zhān sǎ），謂灑淚沾衣也。沾，一作占，同音借用。明・邱濬《投筆記》十六【前腔】：「淚潺潺不勝占灑。」明・李昌祺《剪燈餘話》卷五《賈雲華還魂記》：「俯首階庭，不勝沾灑。」皆其例。

沾泥絮

絮沾泥　柳絮沾泥　落絮沾泥

《謝天香》四【耍孩兒】：「我本是沾泥飛絮，倒做了不攬孤舟。」

《岳陽樓》一【醉中天】：「你道是埋根千丈，你如今絮沾泥則怕泄漏春光。」

《莊周夢》三【滾繡毬】:「把一雙訴離情翠眉顰皺，休只待絮沾泥，燕侶鶯儔。」

《度柳翠》三【中呂粉蝶兒】:「投至我度脫的你心回，我著你做師姑大剛來有一箇主意，常言道柳絮不沾泥。」

《岳陽樓》三【滾繡毬】:「一口氣不回來，教你落絮沾泥。」

飛絮飄蕩無踪，沾泥輒止，謂之沾泥絮、絮沾泥，或作柳絮沾泥、落絮沾泥，借喻人之情思穩定，寂然不動。宋・趙令畤《侯鯖錄》:「東坡令妓求詩於參寥，口占云：『多謝尊前窈窕娘，好將魂夢惱襄王，禪心已作沾泥絮，不逐東風上下狂。』」元・許謙《次韻丘似道》詩：「心事沾泥絮，生涯逐浪萍。」明・王澹翁雜劇《櫻桃園》一【東甌令】:「閑心不逐沾泥絮，早把慈航渡。」《紅樓夢》第九十一回：「禪心已作沾泥絮，莫向春風舞鷓鴣。」皆其例。

旃檀

《西遊記》一本一齣、白：「旃檀紫竹隔凡塵，七寶浮屠五色新，佛號自稱觀自在，尋聲普救世間人。」

《樂府群玉》卷一趙善慶小令【雁兒落過得勝令・天竺寺】:「旃檀古道場，水月白衣相。」

旃檀（zhān tán），香木名，即檀香，梵語旃檀那之略稱，有赤、白、紫各種。唐・釋玄應《一切經音義》卷二十七：「旃檀那，謂牛頭旃檀等，赤即紫檀之類，白即白檀之屬。」唐・段成式《酉陽雜俎》前集卷十八：「木五香：根、旃檀，節、沈香，花、雞舌，葉、藿，膠、薰陸。」

敦煌變文《頻婆娑羅王後宮綵女功德意供養塔生天因緣變文》:「紅旗出沒，香風自生，猛火黑煙，旃檀霧降。」前蜀・貫休《游金華山禪院》詩：「滋地曾棲菩薩僧，旃檀樓殿瀑崩騰。」皆其例。

旃檀與佛教的關係，據傳釋迦牟尼在世時，拘琰彌國優塡王欲見無從，乃用旃檀木仿照釋迦牟尼的形容造像，叫做旃檀佛。因此以後提起旃檀來就與佛發生了關係，這從上文舉的例證都可以看出。再如：明・湛然雜劇《魚兒佛》二【柳葉兒】:「他自向無生無滅旃檀界，他兀自把愁布袋不丟開。」明・王衡雜劇《再生緣》二【四煞】:「你便是旃檀會上供香妙，蓮品臺中滓穢消。」例中所謂「旃檀界」，意即佛界；所謂「旃檀會」，意即佛會：這裏「旃檀」已轉義爲佛，非本義矣。

粘竿

《魯齋郎》楔、白：「小官嫌官小不做，嫌馬瘦不騎；但行處引的是花腿閒漢、彈弓粘竿、鹹兒小鷂，每日價飛鷹走犬，街市閒行。」

《黑旋風》二【後庭花】：「那廝暢好是忒嗶嚦，且莫說他鹹兒小鷂、吹筒粘竿、有諸般來擺設，只他馬兒上更馱著一個女豔冶。」

粘竿（zhān gān），是在竿頭上塗以粘質或膠液，插立在田野，用以捕鳥的一種獵具。宋・周密《武林舊事》卷六「小經紀」條，即列有「粘竿」一目，是知宋代已有此稱。

詀

展　蘸

《太平樂府》卷五曾瑞卿小令【罵玉郎帶感皇恩採茶歌・風情】：「冷句兒詀，好話兒鵮，踏科兒㣲。」（一本作詀）

《替殺妻》一【尾聲】：「我雖是無歹心胡做，若這句，我這句，話合該一千，須我不得將閑話兒展。」

《詞林摘艷》卷一無名氏小令【朝天歌・閨情】：「我爲他終朝娘罵，時常埋怨俺，傍人將冷句蘸，女伴每呪罵俺，都說道是負德辜恩，不能勾和他共枕安眠。」

詀（zhān），梁・顧野王《玉篇》謂多言。展、蘸，音近借用，義同。或作呫，柳宗元《讀韓愈〈毛穎傳〉後題》：「呫呫然動其喙。」王安石《和平甫舟中望九華山二首》：「舉世徒呫呫。」呫呫，謂多言，音義俱同詀。或作詁，乃詀之訛字，見《字彙補》。元曲各例，爲嘲諷、譏刺之意。

襜褕

《趙氏孤兒》四【石榴花】：「我只見這一個身著錦襜褕。」

《元曲選》音釋：「襜，癡髯切；褕音魚。」襜褕（zhān yú），即短衣、便服、非正朝服也。《史記・魏其武安侯列傳》：「武安侯坐衣襜褕入宮，不敬。」正義：「《爾雅》曰：『衣蔽前謂之襜』。郭璞云：『蔽膝也』。《說文》、《字林》並謂之短衣。」揚雄《方言》卷四：「襜褕，江、淮、南楚謂之𧝓褣，自關而西謂之襜褕，其短者謂之短褕……自關而西謂之統裾（chōng jué）。」

錢繹箋疏：「江、淮、南楚謂襜褕之短者謂之裗裾，關西謂襜褕之無緣者爲裗裾。」南朝梁・庾信《功臣不死王事請門襲封表》：「不服襜褕之光。」師古曰：「襜褕，直襜襌衣也。襜音昌占反，褕音踰。」

展賴

展賴，有誣賴和侮辱二義。

（一）

《黃粱夢》二【醋葫蘆】：「又不是別人相唬嚇，廝展賴，是你男兒親自撞將來。」

《周公攝政》四【沽美酒】：「打打這廝沒的有把平平展賴。」

《神奴兒》三【迎仙客】白：「這婦人年紀小，守不的那空房，背地裏有姦夫所算了他孩兒，故意的來俺這裏展賴。」

展賴，猶言誣賴。《警世通言・玉堂春落難逢夫》：「皮氏嫉妬，暗將毒藥藏在麵中，毒死丈夫性命，反倚刁潑，展賴小婦人。」亦其例。

（二）

《桃花女》二【呆骨朵】：「也是我不合搭救你，你將這惡言詞展賴我。」

展賴，猶云侮辱；作誣賴解亦可通。

斬眉

《調風月》二【五煞】：「別人斬眉，我早舉動眼，到頭知道尾，你這般沙糖般甜話兒多曾吃！」

斬眉，即眉動；以眉示意，使人暗中領會其意，即俗語所謂擠眉弄眼。劇意謂別人稍有舉動（斬眉），我就有所察覺。

颭

展

颭：一、物臨風搖曳曰颭；二、宋元人稱捽跤藝人曰颭或展。

（一）

《梧桐雨》一【油葫蘆】：「撲撲簌簌風颭珠簾影。」

《爭報恩》四【雙調新水令】：「俺只見颭西風這一面杏黃旗。」

《太平樂府》卷七曾瑞卿散套【鬬鵪鶉】：「敗旗兒莫颭。」

明·張自烈《正字通》云：「凡風動物與物受風搖曳者，皆謂之颭（zhǎn）。」唐·柳宗元《登柳州城樓寄漳汀封連四州刺史》詩：「驚風亂颭芙蓉水，密雨斜侵薜荔牆。」和凝【柳枝】詞：「青青自是風流主，慢颭金絲待洛神。」重言之曰颭颭。漢·劉歆《遂初賦》：「迴颭颭之泠泠。」注：「颭颭，動搖貌。」《三戰呂布》一折：「颭颭旌旗耀日光。」《醉寫赤壁賦》三折：「秋風颭颭響重重。」《鎖磨鏡》一折：「獸帶飄征旗颭颭。」皆其例。

（二）

《獨角牛》三【倘秀才】：「哎！你夥看的每休將咱來指點，您可休量小人不是箇馳名的這好颭。」

同劇同折【白鶴子】：「本對也，可不道三角瓦兒阿可赤可兀的絆翻了人？則我這一對拳到（倒）收贏了你箇颭。」

同劇同折【尾聲】：「這廝，人也憎，鬼也嫌，無處發付那千層樺皮臉，可又早頹氣了馳名第一颭。」

同劇四折【雙調新水令】：「說劉千一箇展，值看官滿懷錢。端的是名不虛傳，看了那幾合擂不曾見。」

宋元時把相撲（即摔跤）藝人稱做颭。吳自牧《夢粱錄》卷二十「角觝」條云：「瓦市相撲者，乃路歧人聚集一等伴侶，以圖摽手之資。先以女颭數對打套子，令人觀覩，然後以膂力者爭交。……杭城有周急快、董急快、王急快……等，及女占賽關索、囂三娘、墨四姐女眾，俱瓦市諸郡爭勝，以爲雄偉耳。」當時鬻技相撲，皆以小旗書相撲者姓名，於交手時，颭揚以助聲勢，後遂以颭名藝人或名其技藝。《太平樂府》卷七曾瑞卿散套【鬬鵪鶉】：「敗旗兒莫颭」，即其意。

展爲颭的同音假借字。

占奸

占姦

《太平樂府》卷九董君瑞散套【哨遍・硬謁】:「謾把猾，枉占奸。」

《雍熙樂府》卷六散套【粉蝶兒・楊妃舞翠盤】:「他道是困歌舞，戀吹彈，你暢好是占奸。」

《澠池會》一【天下樂】:「則這箇藺相如正直非占姦。」

《梧桐雨》二【蔓菁菜】:「你道我因歌舞壞江山，你常好是占姦。」

占奸（zhan jian），奸詐、奸佞之意。奸，一作姦，同音通用。《朱子語類輯略》卷七：「子靜雖占奸不說，然他見得成個物事。」亦其例。

占斷

《金線池》楔、詞云：「占斷楚城歌舞地，娉婷，天上人間第一名。」

《城南柳》四【折桂令】:「只教你占斷風清月朗，根盤的地老天荒。」

《百花亭》一、白：「我那孩兒生的十分聰明智慧，談諧歌舞，搊箏撥阮，品竹分茶，無般不曉，無般不會，占斷洛陽風景，奪盡錦繡排場。」

《太平樂府》卷七張養浩散套【新水令・辭官】:「跳出天羅，占斷煙波。」

《詞林摘艷》卷四王伯成散套【點絳唇・十美人賞月】:「則爲你占斷風流選，奪盡可憎權。」

占，同佔，擅據、強占之意，多與奪對舉，亦可證。斷，絕也，引申有盡、住等義，故占斷即占盡、占住、全部佔有之意，猶今云壟斷。唐・吳融《杏花》詩：「花中占斷得風流。」宋・周必大《芍藥》詩：「占斷春光及夏初。」辛棄疾【如夢令・贈歌者】詞：「串玉一聲歌，占斷多情風調。」《張協狀元》戲文：「這番書會要奪魁名，占斷東甌盛事。」《長生殿・定情》:「今宵占斷好風光。」皆其例。

占場兒

占排場　佔排場

《黑旋風》一【一煞】:「有那等打擂臺使會能，擺山棚博個贏，占場兒沒一個敢和他爭施逞。」

《兩世姻緣》一【混江龍】:「我不比等閒行院，煞教我占場兒住老麗春園。」

《貨郎旦》四【三轉】:「那秀才不離了花街柳陌，占場兒貪杯好色。」

《雍熙樂府》卷一散套【醉花陰・和諧】:「奪第一占排場，儘意兒風光。」

《灰闌記》一【混江龍】:「畢罷了淺斟低唱，撇下了數行鶯燕佔排場。」

占場兒，獨占、為首、第一之意。猶云擅場。或作占排場、佔排場，意並同。場，原指勾欄。占、佔，音義同。按：占場兒，一般是指在花酒場中作魁首；有時也指在比武場中奪魁，沒有對手，如《黑旋風》例；有時用作調侃語，如湯顯祖《牡丹亭・虜諜》:「俺怕不占場兒，砌一箇《錦西湖上馬嬌》。」

站戶

《鐵拐李》一【醉扶歸】白:「老漢軍差也當，民差也當，因老漢有幾文錢，又當站户哩。」

站，驛站；戶，民戶。站戶，元代，民戶而擔任驛遞差役的叫做「站戶」。《元史・兵志四》:「凡站，陸則以馬以牛，或以驢，或以車，而水則以舟。」又云:「站戶闕乏逃亡，則又以時簽補，且加賑卹焉。」《元典章・戶部・典賣章・站戶典賣田土》:「今後站戶如必消乏，典賣田土，當該社長里正主首親鄰並原簽，同甲站戶從實保勘。」

戰汗

《風光好》一【賺煞】:「諕的那舞女歌兒似受戰汗，難施逞樂藝熟閒。」

在膽戰心驚情況下冒出之汗曰戰汗；謙辭，多用於下級對上級，表示恭敬惶恐之意。柳宗元《上武元衡啓》:「輕冒威重，戰汗交僳。」《降魔變文》:「令我聞名，交流戰汗。」五代·王定保《唐摭言》卷六:「願不勝區區，敢聞左右，俯伏階屏，用增戰汗。」宋·鄭俠《六環助鐘平仲納官》詩:「子猶重辭讓，揖拜如戰汗。」皆其例。

戰篤速

戰都速　戰簌簌　戰撲速　顫篤簌　顫篤速

《秋胡戲妻》三【堯民歌】:「桑園裏只待強逼做歡娛，諕的我手兒脚兒滴羞蹀躞戰篤速。」

《東堂老》三【蔓青菜】:「諕得他手兒脚兒戰篤速，特古裏我根前你有甚麼怕怖？」

《對玉梳》三【石榴花】:「諕的我意慌張，心喬怯，戰都速無了魂魄，軟了身軀。」

《生金閣》三【烏夜啼】:「諕的他戰簌簌的把不定腿脡搖。」

《太平樂府》卷八姚守中散套【粉蝶兒·牛訴冤】:「諕得我戰撲速魂歸地府。」

《桃花女》一【賺煞】:「只待那七位星官來領受，伯伯也，蚤諕的你顫篤簌魂魄悠悠。」

《風雲會》二【哭皇天】:「顫篤速身如火燎。」

戰、顫，發抖貌。篤速、都速、簌簌、撲速、篤簌，俱一聲之轉；爲狀驚悸、寒顫之辭，今北語轉爲哆嗦。明·朱權劇雜《卓文君》三折【採茶歌】:「諕的你戰篤索。」篤索，也是篤速的聲轉，義同。

張

望

《西廂記》三本楔子:「〔旦云：〕張甚麼？〔紅云：〕我張著姐姐哩。」

《哭存孝》二【牧羊關】白:「我且不過去，我這裏望咱。」

張，張望、張看的省語。章太炎《新方言》:「凡相竊視謂之瞜，或謂之貼，或謂之占，今音轉爲張。」《水滸》第四回：「（兩個門子）在門縫裏張時，見智深搶到山門下。」《水滸全傳》第七十二回：「宋江等都未出來，卻閃在黑暗處，張見李師師拜在面前。」又第七十四回：「你只引我們去張一張。」皆其例。

張，一作望，音近義同。

張千

《風光好》一【天下樂】:「〔（韓熙載）出科，云：〕張千，喚秦弱蘭來！」

《金錢記》二、白：「自家張千是也，從幼在這裏，伏侍王府尹的。」

《凍蘇秦》三【梁州第七】白：「則我便是丞相爺把門的，叫做張千。」

張千，元劇中隨意假設的一個名字，猶云張三、李四；泛指官府裏的衙役和官吏的隨從。明・王驥德《曲律》卷三「論部色第三十七」條：「凡廝役，皆曰張千；有二人，則曰李萬。」如《水滸》第三十六回：「當廳帶上行枷，押了一道牒；差兩個防送公人，無非是張千、李萬。」

張本

《碧桃花》一【金盞兒】白：「妾身與相公成此親事，或詩或詞，求一首珠玉，以爲後會張本。」

張本，謂預爲將來的行事準備條件。《左傳》隱公五年：「曲沃莊伯以鄭人、邢人伐翼，王使尹氏、武氏助之。翼侯奔隨。」杜預注：「晉內相攻伐，不告亂，故不書，《傳》具其事，爲後晉事張本。」白居易《六讚偈》:「爲來世張本。」白氏又爲一首七律題云：「歲暮夜長，病中燈下，聞盧尹夜宴，以詩戲之，且爲來日張本也。」元曲諸例即此意。

又，文章爲情節或事態的發展所預設的伏筆，亦曰張本。蘇軾《前赤壁賦》:「清風徐來，水波不興。……少焉，月出於東山之上，徘徊於斗牛之間。」注：「前言清風，此言月出，一篇張本在此。」

張狂

獐狂　麞狂　張荒　慌獐　張張狂狂　獐獐狂狂

《黑旋風》四【幺篇】:「只見他手腳張狂，左右攔當，何處奔投，則爲這喫劍頭。」

《貶夜郎》四【後庭花】:「手張狂，腳列趄。」

《鴛鴦被》二【正宮端正好】:「不由我意張狂，心驚乍。」

《還牢末》三【雙調新水令】:「我這裏頭暝眩眼獐狂，七魄俱亡。」

《牆頭馬上》三【豆葉兒】:「手腳麞狂去不迭。」

《伊尹耕莘》一【尾聲】:「莫張荒，等的他那血氣方剛，那其間著志求賢將師道訪。」

《詞林摘艷》卷三白仁甫散套【粉蝶兒・塞社處人齊】:「一箇箇手張荒，腳趔趄。」

《雍熙樂府》卷十九【小桃紅・西廂百詠七十】:「意慌獐，恰如小鹿兒心頭撞。」

《凍蘇秦》三【絮蝦蟆】:「百般粧模作樣，訕笑寒酸魍魎，甚勾當？來來往往，張張狂狂，村村棒棒。」

《虎頭牌》一【油葫蘆】:「爲什麼獐獐狂狂便待要急張拒遂的褪？」

張狂，謂慌張失措。又作獐狂、麞狂、張荒，倒作慌獐，音近義並同。爲加重語氣，重言之則曰張張狂狂，獐獐狂狂。敦煌變文《伍子胥變文乙》:「舉頭忽見一人，行步獐狂，精神怳惚。」《張義潮變文》:「蕃賊麞狂，星分南北。」皆其例。

字又作偉偟，如《吳越春秋・夫差內傳》:「敗走偉偟也。」或作狂獐，如《董西廂》卷二:「和尚，休要狂獐等待著！」或作荒獐，如明・朱有燉雜劇《豹子和尚》一:「想當時睡時呵，不曾安穩；覺來呵常是荒獐。」或作張皇，如清・蒲松齡《聊齋志異・畫壁》:「女大懼，面如死灰，張皇謂朱曰:『可急匿榻下。』」或作慌張，如《儒林外史》第三十九回:「你快將葫蘆酒拿到庵裏去，臉上萬不可做出慌張之象。」等等，取音不取形，義並同。

張羅

掙羅　爭羅

張羅：一、謂設置羅網；二、謂盡力營求；三、謂招待；四、謂布置；五、謂挑戰。二、三、四等項，意極相近。

（一）

《襄陽會》楔【仙呂賞花時】：「我這裏布網張羅打大蟲。」

《薛仁貴》三【雙調豆葉黃】：「張羅，張羅，見一個狼窩；跳過牆囉，諕您娘呵！」

《七里灘》一【賺煞尾】：「平地上窩弓，水面上張羅。」

上舉「張羅」各例，謂設置羅網，以捕鳥獸。《周禮・夏官・羅氏》：「蠟則作羅襦。」鄭玄注：「昆蟲已蟄，可以火田；今俗放火張羅，其遺教。」漢・劉安《淮南子・說山訓》：「有鳥將來，張羅而待之。」漢・王充《論衡・幸偶》：「獵者張羅。」三國・曹植《孟冬篇》：「張羅萬里，盡其飛走。」

引申上義，張羅亦可釋爲人迹冷落，如梁・何遜《車中見新林分別甚盛》詩：「窮巷可張羅。」亦以喻尋索搜捕，如《後漢書・寇榮傳》：「張羅海內，設置萬里」，是也。

（二）

《黃粱夢》四【滾繡毬】：「道不的殷勤過日災須少，僥倖成家禍必多，枉了張羅。」

《西廂記》二本三折【攪箏琶】：「休波，省人情的奶奶忒慮過，恐怕張羅。」

《破窰記》四【收江南】白：「呈詞告狀漫張羅：情理難容怎柰何？」

《陽春白雪》前集三關漢卿小令【大德歌】：「吹一個，彈一個，唱新行【大德歌】，快活休張羅，想人生能幾何？十分淡薄隨緣過，得磨陀處且磨陀。」

《太平樂府》卷六朱庭玉散套【祆神急・道情】：「住掙羅，隨時變，得磨陀處且磨陀。」（《雍熙樂府》作「枉爭羅」。）

《樂府群珠》卷四失註小令【朱履曲・道情】：「世人從今參破利名，再不爭羅。」

上舉各例，謂盡力營求。清・梁同書《直語補證》云：「俗以與人幹事曰張羅，取設法搜索之義。《戰國策》：『譬之如張羅者，張於無鳥之所，則終日無所得矣；張於多鳥處，則又駭鳥矣；必張於有鳥無鳥之際，然後能多得鳥矣。』當本此。」又作「掙羅」、「爭羅」，音近義並同。

（三）

《貨郎旦》一【柳葉兒】：「你道他為甚來眉峰暗鎖，則要我慶新親茶飯張羅。」

上例，意為招待。《紅樓夢》第七回：「秦氏一面張羅與鳳姐擺菓酒」，義同。

（四）

《蔣神靈應》二【尾聲】白：「初間布置張羅，次後往來規措。」

《酷寒亭》三【梁州第七】：「他將那醉仙高掛，酒器張羅。」

以上意為布置。

（五）

《西遊記》五本十九齣【中呂快活三】：「惱的我無明火怎收撮，潑毛團怎敢張羅？賣弄他銅筋鐵骨自開合，我一扇子敢著你翻筋斗三千箇。」

上例，意為挑戰。

張三李四

李四張三

《兒女團圓》四【太平令】：「且休問什麼張三波李四，喒兩個老兒，到死時，令這個小廝，我著他兩下裏居喪拜祀。」

《神奴兒》二【四塊玉】：「〔（正末）做叫云：〕街衢巷陌，張三李四，趙大王二，〔唱：〕你若見的可便也合通個名姓，不見了小舍人，可教俺也便待怎生？」

《遇上皇》四【折桂令】：「語語喃喃，崢崢巉巉，早難道宰相王侯，倒不如李四張三。」

《魔合羅》三【幺篇】詞云：「你道是文卷差遲，你道是其中有詐：合毒藥是李四張三？養姦夫是趙二王大？寄信人何姓何名？謀合人或多或寡？」

張三李四，或作李四張三，是假設的姓名，猶云某甲某乙，蓋宋寺俗語，現在口語仍沿用。宋・王安石《臨川集》卷三《擬寒山拾得》詩：「張三袴口窄，李四帽簷長，莫言張三惡，莫愛李四好。」宋・釋普濟《五燈會元》卷十：「問：『如何是佛？』師曰：『張三李四。』」《清平山堂話本・快嘴李翠蓮記》：「不曾說張三，不與李四亂。」以上皆其例。

長老

《合汗衫》三、白：「小僧相國寺住持長老。」

《張生煮海》一、白：「貧僧乃石佛寺法雲長老是也。」

《來生債》四、白：「貧僧乃襄陽雲岩寺長老，法名丹霞。」

長老（zhǎng lǎo），對僧之年德俱高者之敬稱。《禪門規式》：「道高臘長，呼爲須菩提，亦稱長老。」《敕修清規・住持章》：「始奉其師爲住持，而尊之曰長老。」可參看「住持」條。

《京本通俗小說・菩薩蠻》：「回至方丈，長老設宴管待。」《清平山堂話本・五戒禪師私紅蓮記》：「清一道：『多謝長老擡舉。』」皆其例。

長老，亦泛指尊長。古時對年高者通稱長老，如《漢書・文帝紀》：「今歲首不時，使人存問長老。」唐・李景亮《李章武傳》：「王氏之長老，皆捨棄而出游。」宋元人對做大官的、有錢的和稍有年紀的人都稱做長老，猶今呼老大爺。

長進

長俊

《金鳳釵》二【耍孩兒】白：「你這等乞窮儉相，幾時得長進？」

《薛仁貴》三【鮑老兒】：「那廝也少不的亡身短命，投坑落塹，是個不長進的東西。」

《飛刀對箭》一【鵲踏枝】：「你不做莊農生活，每日則是刺槍弄棒，您怎麼能彀長進？」

《雍熙樂府》卷十九【小桃紅・西廂百詠七十一】:「不思立身，沒些長進，辱沒煞俺家門。」

《後庭花》一【油葫蘆】白:「你這廝貪酒溺腳跟，一世兒不得長俊。」

《老生兒》白:「引孫，你那窮弟子孩兒，一世不能勾長俊。」

《西廂記》四本二折【小桃紅】白:「罷!罷!罷!誰似我養女的不長俊。」

長進，謂進步、要強、有出息。《三國志・吳志・張昭傳》:「勤於長進，篤於物類。」《晉書・和嶠傳》:「帝曰:『太子近入朝，差長進，卿可俱詣之，粗及世事。』」《世說新語・文學》:「支道林初從東出，住東安寺中。王長史宿構精理，並撰其才藻，往與支語，不大當對。王敘致作數百語，自謂是名理奇藻。支徐徐謂曰:身與君別多年，君義言了不長進，王大慚而退。」五代・王定保《唐摭言》:「夏侯孜一個窮措大，有何長進?」《警世通言・萬秀娘仇報山亭兒》:「你只管躲懶，沒個長進。」《清平山堂話本・錯認屍》:「你這破落戶，千刀萬剮的賊，不長俊的乞丐!」據上所引，可見此語沿用已久，現在口語，仍有此種說法。進，一作俊，音近借用，意同。

招安

招安，有招募、招降等義。

（一）

《哭存孝》二【南呂一枝花】白:「夫人，想當日破黃巢時，招安我做義兒家將，那其間不用我，可不好來!」

《伊尹耕莘》四、白:「大起義兵，招安兵將。」

《飛刀對箭》一【寄生草】白:「如今絳州龍門鎮，貼起黃榜，招安義勇好漢。」

上舉各例，意為招募。

（二）

《千里獨行》楔、白:「那其間咱把他那三房頭家小擄在營中，卻去下邳招安關雲長去。」

上例，義爲招降。宋·莊綽《雞肋篇》:「宋建炎後民間語云:『欲得官，殺人放火受招安。』歐陽修詩:『嘵咋計不出，還出招安辭。』」《京本通俗小說·馮玉梅團圓》:「韓公豎黃旗，招安餘黨。」《水滸》第三十二回:「天可憐見，異日不死，受了招安，那時卻來尋訪哥哥未遲。」皆其例。

（三）

《西廂記》五本三折【絡絲娘】曰:「兀的那小妮子，眼見得受了招安了也。」

《還牢末》四、白:「奉宋江哥哥將令，著我持兩紙書，招安史進、劉唐。」

《大劫牢》一、白:「哥哥，似此英雄好漢，正可招安上山也。」

例一，意爲勸轉；例二、三意爲約請入夥。實質均爲招降的引申義。

招承

招成　招伏　招狀　招伏狀　承招　承伏　伏狀

《蝴蝶夢》一【柳葉兒】:「怕不待的一確二，早招承死罪無辭。」

《殺狗勸夫》三【採茶歌】:「我替你把死屍骸送出汴梁城，隨他拖到宮中加拷打，我也拚的把殺人公事獨招承。」

《藍采和》二【哭皇天】:「連忙點綴，便要招成。」

《張天師》三【滿庭芳】:「只你那風亭月館書名字，可不是招伏下親筆情詞。」

《遇上皇》一【天下樂】:「動不動要手模，是不是取招狀。」

《㑳梅香》三【幺篇】:「你索取一個治家不嚴的招狀。」

《村樂堂》二【尾聲】:「則這金釵兒是二人口內的招伏狀。」

《衣襖車》二【南呂一枝花】:「將令差違拗了，誰敢承招？」

《後庭花》二【牧羊關】:「若是有證見便承伏，我可也甘情願餐刀刃，我可也無詞因上木驢。」

《竇娥冤》二【採茶歌】白:「既然招了，著他畫了伏狀，將枷來枷上，下在死囚牢裏去。」

犯人供認自己的罪狀，謂之招承。也作招成、招伏、招狀、招伏狀，更倒作承招、承伏，義並同。成爲承的同音借用字。唐・劉肅《大唐新語》卷四「持法第七」條：「道士立於門外，密令擒之，一問，承伏曰：『某與寡婦有私，常爲兒所制，故欲除之。』」敦煌變文《舜子至孝變文》：「舜子與招伏罪過，又恐帶累阿孃。」

《三國志平話》卷上：「三人不反，故害性命，何不招伏？」《喻世明言・沈小官一鳥害七命》：「再三拷打，不肯招承。」又云：「一一承招，免得喫苦。」《警世通言・萬秀娘仇報山亭兒》：「一一勘正，三人各自招伏了。」以上皆其例。

招提

《西遊記》六本二十二齣【幺】白：「小聖大權修利菩薩，奉我佛法旨，看守金剛大藏，爲金光燦眼，常手掌護之，凡人稱我爲招提。」

《樂府群珠》卷四盧疎齋小令【普天樂・湘陽道中】：「山遠近，雲來去，溪中招提煙中樹。」

《詞林摘艷》卷十散套【繡停針・院落春餘】：「家家浴佛招提去，趁佳景遊賞歡娛。」

招提，僧寺的別名，亦以稱僧人。它是由梵語譯音「拓鬬提舍」訛誤簡化而成的。《玄應經義》云：「招提，正言拓鬬提奢，此云四方，譯人去鬬去奢。拓，經誤作招。」宋・釋法雲《翻譯名義集》七謂：「後魏太武始光二年，造伽藍，創立招提之名。」但據南朝梁・慧皎《高僧傳》云：「漢明帝於城門外立精舍，以處摩騰，即白馬寺是也。名曰白馬者，相傳天竺國有伽藍，名招提，其處大富。有惡國王利其財，將毀之。有一白馬，繞塔悲鳴，即停毀。自後改招提爲白馬，諸處各取此名焉。」按此，則以招提名寺，早於後魏久矣。

招提義爲四方，四方之僧爲招提僧，四方僧住處爲招提僧坊。杜甫《遊龍門奉先寺》詩：「已從招提遊」。

上舉元曲各例中，例一指僧，例二、三指寺院。明・王澹翁雜劇《櫻桃園》四【降黃龍】：「把他屍棺拋棄，路迢遙無計攜歸。招提，相看慘悽，可憐他異鄉怨鬼。」其招提，亦指僧。

招颭

颮颭　招折

《劉知遠諸宮調》一【仙呂調・尾】:「飄飄招颭任風吹。」

《五侯宴》三、白:「番將雄威擺陣齊，北風招颭皂雕旗。」

《梧桐雨》三【雙調新水令】:「五方旗招颭日邊霞，冷清清半張鑾駕。」

《降桑椹》四【脫布衫】:「槍刀擺旗旛颮颭，狼虎般顯耀威勢。」

《董西廂》卷三【大石調・尾】:「繡旗颭似彩霞招折。」

招颭，同招展，風吹旗幟飄動貌。又作颮（chāo）颭、招折，音近義並同。明・施君美《幽閨記》十五【前腔】:「招颭皂怎旗兒。」清・洪昇《長生殿・密誓》:「花枝招颭銀瓶。」皆其例。

招擢

《裴度還帶》四，白:「自家張千，奉相公命，結起彩樓，招擢新壻。」

《飛刀對箭》一、白:「奉聖人的命，就出黃榜，招擢義勇好漢。」

《龍門隱秀》二【迎仙客】白:「不想掛著榜文，有總管招擢義軍，我有心投軍去，且回家中，與父母說知去者。」

擢（zhuó），拔也。招擢，招致選拔之意。擢，一作捉，同音假借，如《張協狀元》戲文:「出得幾多錢，招捉那狀元爲姻眷」。

招商舍

招商店　招商打火店

《拜月亭》三【三煞】:「那其間被俺爺把我橫拖倒拽出招商舍，硬廝強扶上走馬車。」

《金鳳釵》三【鬭蝦蟆】:「做甚買賣，有甚資財，你把行旅招商店開？」

《獨角牛》三【正宮端正好】:「我來到這泰安州，我可便不住您兀那招商店。」

《羅李郎》三【金菊香】:「恰離了招商打火店門兒，早來到物穰人稠土市子。」

招商舍，一作招商店、招商打火店，均謂客店、旅館。舍、店義同。淩本《幽閨記》二十六:「向日招商店，肯分的撞著家尊」，亦其例。又作商旅店，如《水滸》第三十二回:「佇立草坡，一望並無商旅店。」又作招商客店，如《清平山堂話本・陳巡檢梅嶺失妻記》:「見天色黃昏，路逢一店，喚招商客店。」

著昏

《燕青博魚》二【金盞兒】:「拳著處早可撲的精磚上貼，看那廝眼朦朧正著昏。」

《虎頭牌》一【天下樂】:「只見他越尋思越著昏，敢三魂、失了二魂。」

《曲江池》二【南呂一枝花】:「他拳起處又早著昏。」

《對玉梳》一【勝葫蘆】:「不帶傷也著昏，生逼人千里關山勞夢魂。」

《詞林摘艷》卷一張鳴陰小令【水仙子・富樂】:「著昏時忍會疼。」

著昏（zhāo hūn），猶云發昏，謂神志昏迷不清。

著惱

《金線池》四、白:「你失誤了官身，老爺在堂上，好生著惱哩！」

《氣英布》四【喜遷鶯】白:「哦！那項王在陣上看見英布，怎不著惱？」

《李逵負荊》一【賞花時】白:「你不知道，我自嫁我的女孩兒，爲此著惱。」

《連環計》一【那吒令】白:「一時不得成就，以此心中好生著惱。」

同劇四【胡十八】白:「你快快獻出來，休要庇護他，莫說太師了不得著惱，便是李肅也不道的饒了你這老頭兒哩！」

《神奴兒》一【混江龍】:「省可裏著嗔著惱，你休那等自跌自推。」

著惱（zhāo nǎo），謂窩火、生氣、發怒。《金瓶梅》第二十一回:「哥昨日著惱家來了。」《長生殿・絮閣》:「也不過怕娘娘著惱，非有他意。」皆其例。

朝聞道

《裴度還帶》三【正宮端正好】：「看別人青霞有路終須到，知他我何日『朝聞道』？」

《薦福碑》二【叨叨令】：「如今十個、九個人都道，都道是七月、八月長安道，兀的不困殺人也麼哥！困殺人也麼哥！看書生何日得『朝聞道』？」

《㑳梅香》二【初問口】：「只想夜偷期，不記『朝聞道』。」

《追韓信》一【混江龍】：「嘆英雄何日『朝聞道』，盼殺我也玉堂金馬，困殺我也陋巷簞瓢！」

《金安壽》二【罵玉郎】：「你著我將家業拋，性命逃，便是『朝聞道』。」

《論語・里仁》：「朝聞道，夕死可矣。」注：「道者，事物當然之理，苟得聞之，則生順死安，無復遺恨矣。朝夕，所以甚言其時之近。」元曲中則常借用「朝聞道」，比喻發跡、顯達；也有用本義的，如《金安壽》例。

爪子

《村樂堂》二【梧桐樹】：「〔六斤云：〕妳妳，與他些東西，買他不語。〔搽旦云：〕我與他這枝金釵兒。〔六斤云：〕兀那爪子也！你不要言語，我與你這枝金釵兒。」又：「〔正末云：〕早是爪子不曾說相公甚麼。〔同知云：〕你也罵的我彀了也。」

同劇楔、白：「兀那爪子，爲你磨了我半截舌頭，要放你回去哩！」

甘州（今甘肅張掖縣）方言，稱不聰明的人爲「爪子」。《唐書》：「賀知章有子，請名於上。上曰：『可名爲孚。』知章久不悟。上謔之曰：『以不慧故破『孚』字爲爪子也。』」（引自清・黎士宏《仁恕堂筆記》。按：兩《唐書》賀傳無此事。）

爪尋

《燕青博魚》一【尾聲】：「調動我這莽拳頭，搊動我這長梢靶，我向那前街後巷便去爪尋他。」

《岳陽樓》三、詩云：「我如今先去爪尋他，慢慢的告請差官捕。」

《兒女團圓》二、白：「一不做，二不休，拚的遶著四村上下，關廂裏外，爪尋那十三年前李春梅。」

爪尋，即找尋，今云尋找。爪爲找之同音假借字。

爪老（兒）

《玉壺春》二【罵玉郎】：「走將來平白地生波浪，睜著一對白眼睛，舒著一雙黑爪老，搭著一條黃桑棒。」

《兩世姻緣》一【油葫蘆】：「搽一箇紅頰腮似赤馬猴，舒著雙黑爪老似通臂猿。」

《太平樂府》卷九無名氏散套【耍孩兒·拘刷行院】：「摸魚爪老粗如扒齒。」

《仗義疏財》三【滾繡毬】：「你看我撇道兒勾一尺，爪老兒墨定（錠）黑。」

爪老，即手。元人對人體各部分的稱謂，常加個「老」字，如稱頭曰頂老，眼曰睩老，身曰軀老，手曰爪老，等等。吳梅《霜厓曲跋·仗義疏財劇》云：「曲中用方言頗多，如樺老謂衙役也，撇道謂腳也，爪老謂面也，幫老謂夥盜也。」程萬里《六院彙選江湖方言》則曰：「爪老，是婦人也。」按：謂爪老爲面，或謂婦人，均誤。

笊籬

笊笪　簹笪

《秋胡戲妻》二【呆骨朵】：「妳妳也，誰有那閒錢來補笊籬！」

《殺狗勸夫》二【三煞】：「並沒半升粗米施饘粥，單有一注閒錢補笊籬。」

《來生債》三【聖藥王】白：「我會編笊籬，鹿門山外有一園竹子，著鳳毛孩兒斫將來，我一日編十把笊籬，著靈鳳孩兒貨賣將來，可不彀俺一家兒吃粥哩。」

《樂府群珠》卷四雲龕子小令【迎仙客·道情】：「麵又粗，倉陳米，木碗缺唇破笊籬。」

《詞林摘艷》卷三王子一散套【粉蝶兒・山勢崔巍】：「曹國舅紫霧叢中挑著笊篳。」

同書卷八無名氏散套【一枝花・紛紛瑞靄飄】：「曹國舅擔著竹簟篳。」

笊籬（zhào lí），用竹篾、柳條或鐵絲等物編成的漏勺、漉米，或在水裏撈東西用的。元・戴侗《六書故》：「今人織竹如勺以漉米，謂之爪籬，俗有笊籬字。」笊籬，或作笊篳、簟篳，音義並同。

趙二

趙二王大　趙大王二

《五侯宴》三、白：「伴著的是王留、趙二、牛表、牛觔。」

《魔合羅》三【幺篇】詞云：「你道是文卷差遲，你道是其中有詐：合毒藥是李四張三？養姦夫是趙二王大？」

《神奴兒》二【四塊玉】：「〔（正末）做叫云：〕街衢巷陌，張三李四，趙大王二！〔唱：〕你若見的可便也合通個名姓，不見了小舍人，可教俺也便待怎生？」

趙二，或作趙二王大、趙大王二，泛指某人或某些人，猶「張王李趙」、「張三李四」之類。張三李四的假設姓名，在古典戲曲小說及其它作品中屢見不鮮，可參閱該條。「張王李趙」見於典籍者，如：《梁書・范縝傳》：「亦可張甲之情，寄王乙之軀，李丙之性，託趙丁之體。」宋・朱弁《曲洧舊聞》卷七：「俚俗有『張王李趙』之語，猶言是何等人，無足掛齒牙之意也。」

照覷

照覷

《董西廂》卷六【黃鍾宮・雙聲疊韻】：「粉箋暗，被塵污，悄沒人照覷子箇。」

《救孝子》二【二煞】白：「可知檢不得了也，我照覷你只是領那屍首去燒了者。」

《鴛鴦被》二【小梁州】：「就把姑姑央及煞，可憐我這沒照覷的嬌娃。」

《神奴兒》一、白：「一應廚頭竈尾，都是我照覷。」

同劇二【梁州第七】:「眼睛兒般照覷,氣命兒般看承。」

照覷,謂照料、照看、照顧、照管。覷,一作覰,同字異體。

照證

《董西廂》卷五【南呂調・尾】:「待閻王道俺無憑準,抵死謾生斷不定,也不共他爭,我專指著伊家做照證。」

《救風塵》四【雙調新水令】白:「引章,你再要嫁人時,全憑這一張紙是個照證,你收好者!」

《陳州糶米》一【後庭花】:「只指著紫金鎚,專爲照證。」

上舉數例,照證,用作名詞,謂憑照、證據。《清平山堂話本・合同文字記》:「今日寫爲照證」,亦其例也。用爲動詞,則是作證、對證的意思,如:《朱子語類輯略》卷六:「紛紛然抱頭聚義,不知是照證個甚底來。」《古今小說・月明和尚度柳翠》:「如了事,就將所用之物前來照證,我這裏重賞,判你從良;如不了事,定當記罪。」

遮刺

者刺

《忍字記》二【烏夜啼】:「休廝纏,胡遮刺。我是你的丈夫,你須是我的渾家。」

《後庭花》三【殿前歡】:「這的是誰人題下這首【後庭花】?須不是把你來胡遮刺,莫不我雙眼昏花。」

《村樂堂》三【後庭花】:「你可休將人來者刺。來日箇坐早衙,大人行把狀插,小夫人必事發,王都管必定殺。」

遮刺、者刺,即扯拉,音近而訛。意爲牽扯、株連、攀指。胡遮刺,即胡亂拉扯之意。

遮莫

折末　折莫　折麼　者末　者麼　者莫　者磨

遮莫,細分之,其意有七:一、謂即使、儘教、任憑;二、謂不管、不問、不論;三、謂拚著;四、謂甚麼;五、謂或是;六、謂假若;七、謂剋扣。

（一）

《董西廂》卷四【雙調·尾】:「休道你姐姐，遮莫是石頭人也心動。」

《趙氏孤兒》三【水仙子】:「遮莫便打的我皮都綻，肉盡銷，休想我有半字兒攀著。」

《氣英布》三【滾繡毬】:「折末您造起肉麪山，也壓不下咱心頭火。」

《竹葉舟》一【油葫蘆】:「折莫將陶朱公貴像把黃金鑄，到底也載不的西子泛江湖。」

《貶黃州》一【幺篇】:「臣折麼流儋耳，臣折麼貶夜郎，……臣覷屈原千載汨羅江，便是禹門三月桃花浪。」

《黃花峪》二【梁州】:「者末去那西天西大象口敲牙，者末待入南山寨子路，我與你活拔下虎尾。」

《豫讓吞炭》四【幺】:「者麼教鼎鑊烹，鈇鉞誅，淩遲苦痛，休想俺這鐵心腸，半星兒改動。」

《雍熙樂府》卷六虞伯生散套【粉蝶兒·詠十花仙】:「者莫你連枝引蔓，到惹的挽袖牽衣。」

同書卷一無名氏散套【醉花陰·賞玩】:「者磨你重裀列鼎更何如？積玉堆金待怎麼？」

遮莫，或作折末、折莫、折麼、者末、者麼、者莫、者磨；意謂即使、就讓、儘教、任憑。宋·羅大經《鶴林玉露》卷一:「詩家用遮莫字，蓋今俗語所謂儘教者是也。故杜少陵詩云:『已拚野鶴如雙鬢，遮莫隣雞下五更。』言鬢如野鶴，已拚老矣，儘教隣雞下五更，日月逾邁不復惜也。而乃有用爲禁止之辭者，誤矣。」明·徐渭《南詞敘錄》:「遮莫，儘教也，亦曰折莫。」明·方以智《通雅·釋詁》:「遮莫，猶言儘教也，蓋倖莫也。」胡震亨《唐音癸籤》卷二十四:「《藝苑雌黃》云:「遮莫，蓋俚語，猶言儘教也。自唐以來有之。故當時有『遮莫你古時五常，何如我今日三郎』之說。然詞人亦有稍用之者。杜詩云:『久拚野鶴如雙鬢，遮莫鄰雞下五更。』李太白詩:『遮莫根枝長百尺，不如當代多還往；』『遮莫親姻連帝城，不如當代自簪纓。』有用爲禁止之辭者，誤。」上述解釋，基本上可取，但謂遮莫一詞，「自唐以來有之」，不確。干寶《搜神記》已有「遮莫千載試萬慮」之語，則其語源至晚可上推到晉代。

（二）

《董西廂》卷三【中呂調・木魚兒】：「遮莫賊軍三萬垓，便是天蓬黑煞，見他應伏輸。」

《西遊記》三本十齣【感皇恩】：「呀！遮莫你竹杖龍飛，華表鶴歸，戀榮辱有災危，遠是非無掛念，嘆生死有遲疾，你若要西天取經，先去這東土忘機。」

《貶黃州》四【甜水令】：「折末樂府離騷，長篇短韻，陛下待重與細論文，免陛下丁寧。」

戲文《宦門子弟錯立身》十二【麻郎兒】：「我舞得彈得唱得。折莫大（待）擂鼓吹笛；折莫大（待）裝神弄鬼；折莫特（待）調當撲旗。」

《博望燒屯》四【迎仙客】白：「您這元帥府下，者麼您甚麼物件，不問你藏在何處，我這哥哥便得知道。」

以上「遮莫」各例，意爲不管、不論、不問。《博望燒屯》例者麼與不問對舉，其意甚明。岑參《送范侍御》詩：「別君只有相思夢，遮莫千山與萬山。」言謂只要相思夢能通，不問路途多遠也。楊萬里《和張功父梅》詩：「老無半點看花意，遮莫明朝雨及晴。」謂年老了沒有心情去看花，不論是晴天還是雨天。

（三）

《太平樂府》卷一周德清小令【蟾宮曲・寄遠】：「得受用遮莫害死，果實誠有甚推辭？」

《三奪槊》三【步步嬌】：「便折末爛剉得我尸骸爲泥糞，折末金瓜打碎我天靈蓋。」

《貶夜郎》三【普天樂】：「折末藏著劍鋒，承著機密，漢國公臣臻臻地，來來喫一回呂太后筵席。」

《豫讓吞炭》一【金盞兒】：「折末尸骸橫百段，熱血污黃塵，忠臣不怕死，怕死不忠臣。」

《村樂堂》一【後庭花】：「我和你意相投，酒筵中不彀：者莫再約住林下叟，就村務將琴劍留。」

遮莫，意謂拚著，即豁出去、不計代價之意。《水滸》第二回：「好了！遮莫去那裏陪個小心，借宿一宵，明日早行。」亦其例也。

（四）

戲文《宦門子弟錯立身》五【六幺序】：「一意隨它去，情願為路歧，管甚麼抹土搽灰，折莫擂鼓吹笛！」

《鴛鴦被》三【調笑令】：「從今後女孩兒每休惹他這酸丁，都是些之乎者也說合成，我道來可是者麼娘七代先靈！」

《劉弘嫁婢》一【鵲踏枝】：「天也！我問甚麼（他）那跛臂瘸臁，者麼他那眼瞎頭禿，則但能彀便替咱去上墳波祭祖，大嫂也，也強如咱眼睜睜鰥寡孤獨。」

《雍熙樂府》卷六無名氏散套【粉蝶兒・妓女收心】：「問甚麼官人令史，者末儒流秀士，浪子人兒。但來的與兩箇相思字，端的是誰害相思？」

上舉「折莫」、「者麼」、「者末」多與疑問詞「甚麼」相對應，意同甚麼。李白《寒女吟》詩：「下堂辭君去，去後悔遮莫？」「悔遮莫」，即悔甚麼。《花草粹編》四徐淵子【阮郎歸】詞：「茶寮山上一頭陀，新來學者麼？」「學者麼」，即學習甚麼。

（五）

《魯齋郎》一【天下樂】：「或是流二千，遮莫徒一年，恁時節則落的幾度喘。」

《暗度陳倉》二【聖藥王】：「者莫便逢著大海，或是便遇著大江，領軍卒直趕到五雲鄉，擒賊將有何傷？」

上舉「遮莫」、「者莫」均與「或是」互文，意同或是。

（六）

《打韓通》三【寨兒令】：「者莫他能走能飛，假若是能戰能敵，對面兒若見了，審問的事眞實。」

《詞林摘艷》卷一劉庭信小令【寨兒令・戒漂蕩】：「假若你便銅脊梁，者莫你是鐵肩胛（膀），也擦磨成風月擔兒瘡。」

上舉「者莫」與「假若」對舉，意同假若。

（七）

《陽春白雪》後集三劉時中散套【端正好・上高監司】:「庫官但該一貫須顆配，庫子折莫三錢便斷除。」

折莫，謂剋扣，即從中貪污之意。

遮攔

摭攔　攔遮　口沒遮攔

遮攔，有阻擋、保佑等義。

（一）

《董西廂》卷一【仙呂調・惜黃花】:「不是廝遮攔，解元聽分辯。」

《望江亭》一【上馬嬌】:「把門關，將人來緊遮攔。」

《雍熙樂府》卷十孔文卿散套【一枝花・祿山謀反】:「四件事分明緊調犯，勢到也怎遮攔？」

《五侯宴》二【南呂一枝花】:「眼花的無人把我來攔遮，我可便將孩兒直送到荒郊曠野。」

《梧桐雨》二詩云:「統精兵直指潼關，料唐家無計遮攔。」

《西廂記》三本二折【脫布衫】:「小孩兒家口沒遮攔，一迷的將言語摧殘。」

遮攔，謂阻擋、阻攔。宋・戴復古《竹洲諸姪孫小集永嘉蔣子高有詩次韻》詩:「愁來唯仗酒遮攔」，是也。或作遮闌，如敦煌變文《韓擒虎話本》:「在龍床底下，權時扝（把）敫（敷）壁遮闌。」再如宋・孔武仲《西館雨中》詩:「路多綠竹遮闌雨。」此皆遮蔽意也。或倒作攔遮，如《五侯宴》例，又如清・蔣士銓雜劇《四絃秋》一:「甚桃花柳絮，莫漫攔遮，肯貪伊鳳枕鴛衾，躭擱我銅山金穴。」此皆阻攔意也。故俗謂口不擇言，曰「口沒遮攔」，如《西廂》例是。現在口語仍沿用。

（二）

《岳陽樓》二【菩薩梁州】:「打打打先生不動彈，更怕甚聖手遮攔？」

《張協狀元》二十三【五方神】:「怕它張相相拋棄，望聖手遮攔奴到京裏。」

以上「遮攔」，均保護、佑保意。錢南揚注《張協狀元》謂「遮攔，猶今照拂、保佑。」陸澹安《戲曲詞語匯釋》謂：「遮攔，保護。」均是。

折挫

折剉

折挫，有折磨、羞辱、潦倒、煩惱等義。

（一）

《劉知遠諸宮調》十一【般涉調・蘇幕遮】：「李洪義頻折挫，怎表知遠九州爲經略？」

《瀟湘雨》三【黃鍾醉花陰】：「眼見的折挫殺女嬌姝，我在這空野荒郊，可著誰做主？」

《倩女離魂》三【中呂粉蝶兒】：「似這般廢寢忘食，折挫得一日瘦如一日。」

《劉知遠諸宮調》二【般涉調・麻婆子】：「記得村酒務，將人恁折剉。」

《小張屠》二【小桃紅】：「也是他前人你作，故教他今生折剉。」

折挫，謂折磨。敦煌變文《維摩詰經菩薩品變文甲》：「折挫應交虛見傷。」亦其例。挫（cuò），一作剉。又作銼，皆同音通用，如元本《琵琶記》三十四：「原來我爲你吃折銼，你爲我受波查。」吃折銼與受波查互文，可證。又作掇（duō），音近借用，如明・無名氏雜劇《南牢記》四：「將我妹朝打夕打，折掇的三分似人，七分似鬼。」折掇，亦折磨意也。

（二）

《王粲登樓》一【賺煞】詩云：「今日雖然遭折挫，異時當得報深恩。」

同劇四【得勝令】白：「只爲你性子十分驕傲，並不肯謙謙的敬老尊賢，我特將三杯酒千般折挫，無非要涵養得氣志爲先。」

上例謂折辱、羞辱。蔡如此對待王粲，蓋爲磨滅其高傲之性格也。《韓非子・八說》：「甲兵折挫，士卒死傷。」《後漢書・竇融傳》：「外則折挫羌胡，內則百姓蒙福。」《世說新語・文學》：「許意甚忿，便往西寺，與王論理，共決優劣，苦相折挫，王遂大屈。」這三個「折挫」，謂摧折挫敗，意相近。

（三）

《雙赴夢》三【醉春風】：「壯志消磨，暮年折剉，今日向匹夫行伏落。」

上舉「折剉」，謂潦倒、頹廢、挫折。

（四）

《詞林摘艷》卷一無名氏小令【四塊玉．憶別】：「好哥哥，怎生消磨的我許多折挫！」

折挫，這裏謂煩惱、愁悶。

折倒

折到

折倒：一、謂折磨、摧殘；二、猶折騰，揮霍之意。

（一）

《董西廂》卷一【大石調．梅梢月】：「此愁今後知滋味，是一段風流寃業，下梢管折倒了性命去也。」

《張天師》三【滚繡毬】：「哎！梅也，兀的不折倒盡你這玉骨冰姿。」

《曲江池》一【油葫蘆】：「折倒的額顱破，便似間道皮腰線；折倒的胸脯瘦，便似減骨芭蕉扇。」

《倩女離魂》三【鬬鵪鶉】：「眼見的千死千休，折倒的半人半鬼。」

《鴛鴦被》三【聖藥王】白：「小娘子，他必然要圖謀你，敢是不隨順，他這般折倒你來麼？」

《董西廂》卷三【黄鍾宮．尾】：「怪得新來可喞噹，折到得箇臉兒清瘦。」

《替殺妻》三【上小樓】：「是俺哥哥坐死牢，折到了他當時容是（止）。」

以上各例，折倒意謂折磨、摧殘。倒，一作到，元曲中二字多通用。

（二）

《還牢末》一【賺煞】:「折倒了銅斗兒好家緣，錦片似莊宅地。」

同劇二【商調集賢賓】:「折倒了銅斗兒好窠巢。」

《曲江池》四【七弟兄】白：「則被一把天火燒了我家緣家計，因此上折倒的窮了。」

前二例，銅斗兒家緣被折倒了，是人禍，宜解爲折騰，揮霍；例三是天災，意爲毁壞。

折當

《薛仁貴》二【醋葫蘆】:「你與我店東頭折當了那一對舊麻鞋。」

《剪髮待賓》一、白：「小生將著這兩箇字，直至韓夫人家，折當三五貫長錢來。」

折，折償、抵充之意。當（dàng），質也。《左傳》哀公八年：「以王子姑曹當之而後止。」注：「求吳王之子以交質。」《後漢書・劉虞傳》:「虞所賚賞，典當胡夷，瓚數抄奪之。」李賢注：「當，音丁浪反。」俗謂出物質錢亦曰當，或折當，如上舉曲例是也。當，讀去聲。折當，複義詞。

折罰

折乏

《虎頭牌》二【忽都白】:「兄弟，哎！我也曾有那往日的家緣，舊日的莊田，如今折罰的我無片瓦根椽。」

《合汗衫》二【青山口】:「難鎮難壓，空急空巴，總是天折罰。」

《貨郎旦》三、白：「我把這一樁事，趁我精細，對孩兒說了罷。我若不與他說知呵，那生那世，又折罰的我無男無女也。」

《老生兒》一【混江龍】:「往常我瞞心昧己，信口胡開，把神佛毁謗，將僧道搶白，因此上折乏的兒孫缺少。」

同劇二【呆骨朵】:「今日箇折乏的我來除根也那剪草。」

折罰，懲罰之意。白居易《醉贈劉二十八使君》詩：「亦知合被才名折，二十三年折太多。」折太多，即折罰太多也。罰，一作乏，同音假借。亦有作折磨解者，如明・無名氏《岳飛破虜東窗記》二十：「折罰得我恁般模樣」，是也。

折算

《替殺妻》三【四煞】：「誰想半路裏這婦人把哥哥折算了，不由心焦躁。」

《千里獨行》三【朝天子】：「據著他興心主意不相饒，折算你誰知道？」

虧損曰折，謀畫曰算；折算，即設計害人之意，猶云「所算」。又換算，亦謂之折算，如宋・李廌《濟南先生師友談記》「國朝法」條：「……兵梢口食，許於所運米中計口分升斗借之，至下卸日，折算逐人之俸祿除之。」此語至今仍習用之，如各國貨幣之折合換算是也。

折證

折證　折對　折辯　質證　質對

折證，一、謂對證或證據；二、謂處理。

（一）

《黑旋風》一【耍孩兒】：「再不和他親折證，我只是吞聲忍氣，匿跡潛形。」

《虎頭牌》三、白：「我這裏不和你折證，到元帥府慢慢的說話。」

《老生兒》三【收尾】：「你可便休和他折證，休和他強。」

《倩女離魂》四【幺篇】：「你且放我去，與夫人親折證。」

《陳州糶米》一【賺煞尾】：「揀一個清耿耿、明朗朗官人每告整，和那害民的賊徒折證。」

《周公攝政》四【甜水令】：「他每個個稱詞，一一從實，老臣頻頻加額，折證的文狀明白。」

《硃砂擔》三、白：「尊神，你使些神通，拿將他來折對咱。」

《張天師》三【石榴花】白：「荷花，你可怎生不近前來折辯？」

《岳陽樓》三【笑和尚】白：「適纔我那媳婦，你也看見的，到官去，你與我做箇質證。」

《張天師》三【石榴花】白：「菊花，你近前與他質對者。」

以上「折證」等例，除《岳陽樓》例用作名詞，解作證據、證見外，餘均用作動詞，意謂折辯、對證。元・佚名《元朝秘史》卷十三：「如今回回百姓殺了我使臣，要去與他折證。」《長生殿・覓魂》：「纔折證人間幽恨，地下殘緣。」皆其例也。

此詞來源甚遠。《周易・上經・大有》：「象曰：『匪其尪無咎，明辯折也』。」唐・李鼎祚注引虞翻曰：「折之離，故明辯折也。」按：辯折乃折辯之倒文，可見上古已有此語。

折，一作拆，以形近而訛。

按：張相把「折證」作爲「正本」條的附目，解爲：「折者折本，證者證本……亦清算義。」（見《詩詞曲語辭匯釋》卷六）不確。

（二）

《殺狗勸夫》三【隔尾】：「俺哥哥便今日有事呵，到明日旋折證。」

折證，在這裏意爲處理；「旋折證」，即時、臨時處理之意。按：旋，讀去聲，即時、臨時做的意思。

折桂枝

《蝴蝶夢》一【後庭花】：「再休提跳龍門，折桂枝，少不得爲親爺遭橫死。」

《牆頭馬上》二【黄鍾尾】：「他折一枝丹桂群儒駭，怎肯十謁朱門九不開？」

《西廂記》三本一折【寄生草】：「你將那偷香手，準備著折桂枝。」

《瀟湘雨》二【南呂一枝花】：「不甫能蟾宮折桂枝，金闕蒙宣賜。」

舊時認爲考中科舉，就等於到月宮折到桂枝，故每以折桂枝比喻登科。《晉書・郤詵傳》：「武帝於東堂會送，問詵曰：『卿自以爲何如？』詵對曰：『臣舉賢良對策，爲天下第一，猶桂林之一枝，昆山之片玉。』」宋・葉夢得《避暑錄話》：「世以登科爲折桂；此謂郄詵對策，自謂桂林一枝也，自唐以來用之。溫庭筠詩：『猶喜故人新折桂。』以後以月中有桂，故又謂之月桂。而月中又言有蟾，故又以登科爲登蟾宮。」

者

者：一、用同這；二、用爲量詞；三、四、用爲語尾助詞；五、用作指示代詞。

（一）

《哭存孝》一、白：「鳳翎箭手中施展，寶雕弓臂上斜彎，林間酒闌胡旋舞，呵者丹青寫入畫圖間。」

《青衫淚》三【撥不斷】：「但犯著吃黃虀，者不是好東西。想著那引簫娘寫恨書千里，搬倩女離魂酒一杯，攜文君逃走琴三尺，恁秀才每那一樁兒不該流遞？」

者，指示詞，義同這。在漢代就用「者」作「這」，如《漢書・藝文志》所云某家者流，「者流」，即這一流之意。漢碑亦然。唐代敦煌鼓子詞【望江南】：「我是曲江臨池柳，者（這）人折折那人攀，恩愛一時間。」五代前蜀・王衍【醉妝】詞：「者邊走，那邊走，只是尋花柳；那邊走，者邊走，莫厭金杯酒。」宋徽宗【宴山亭・北行見杏花】詞：「憑寄離恨重重，者雙燕何前？」李清照【聲聲慢】：「梧桐更兼細雨，到黃昏點點滴滴，者次第怎一個愁字了得！」《七國春秋平話》卷中：「看孫子來者說甚麼。」《三國志平話》卷上：「臣奏玉皇勑，交（教）陛下受者般大禮。」以上所舉「者」字諸例，都是「這」的意思。或作「遮」，如：宋・陸游【點絳唇】詞：「江湖上，遮回疎放，作箇閒人樣。」張鎡【漁家傲】詞：「遮箇漁翁無慍喜，乾坤都在孤篷底。」史藥泉【花心動】詞：「遮愁緒，丹青怎生畫取。」「遮」字，也都是「這」的意思。

按：「這」字本音彥，霰韻，迎也（見《玉篇》），係借用字。宋・黃公紹《古書韻會舉要・馬韻》：「凡稱此箇爲者箇，此回爲者回，今俗多改用這字。」按，這、者、遮均雙聲字通假。

（二）

《倩女離魂》楔、白：「小生一者待往長安應舉，二者就探望岳母，走一遭去。」

《東堂老》楔、白：「老兄重托，本不敢辭；但一者老兄壽算綿遠：二者小弟才德俱薄，又非服制之親，揚州奴未必肯聽教訓：三者老兄家緣饒富，『瓜田不納履，李下不整冠』；請老兄另托高賢，小弟告回。」

者，這裏用作量詞，指明條數，猶則、猶樣、猶件。《論語・顏淵》：「必不得已而去，於斯三者何先？曰：去兵。」《漢書・元后傳》：「此三者皆大事。」是知此用法甚古。

（三）

《哭存孝》一、白：「阿媽，俺兩個也早起晚夕舞者、唱者，扶持阿媽歡喜，怎下的著您兩個孩兒往邢州去？」

《望江亭》三【聖藥王】：「珠冠兒怎戴者，霞帔兒怎掛者，這三簷傘怎向頂門遮？」

《太平樂府》卷二李愛山小令【壽陽曲】：「彈者，舞者，唱者，只喫到楊柳岸曉風殘月。」

上舉各例，者用作語尾助詞，猶著，讀輕音（zhe），無實義，只表示動作正在進行中。但不能認爲凡放在語尾的者字，都是沒有實際意義的助詞，例如《拜月亭》三【呆骨朶】：「從今後休從俺爺娘家根腳排，只做俺兒夫親眷者。」下句的「者」與上句的「排」正處於對應的地位，從修辭學的排比關係看，「者」字顯然不是助詞，而是動詞，寓有「排」的意思。全句是說王瑞蘭和蔣瑞蓮的關係今後不要從娘家排行論姐妹，而要從夫家序姑嫂。再如《百花亭》一【一半兒】：「不是俺心邪，我只是一半兒支吾一半兒者。」這一句中，也是前後對應。但意義相反。支吾是假意推脫，者是眞想接近，這句話簡言之就是「半推半就」，而實際是偏重於「就」的。

或作「嗻（zhē）」，如明・湯顯祖《牡丹亭》二十九：「陳老兒去了，小姑姑好嗻。」好嗻，即好了也。「了」表示動作已經完成。

（四）

《趙氏孤兒》一【天下樂】白：「令人，門首覷者！看有甚麼人出府門來，報復某家知道。」

《合汗衫》四【碧玉簫】白：「我先與你些碎銀兩做盤纏去，只在金沙院裏等著我者！」

《倩女離魂》一【寄生草】白：「小的每，請小姐來者！」

《劉弘嫁婢》一【醉中天】白：「王秀才，你與我收拾西頭那所宅子者！」

以上句尾各「者」字，用爲語助，猶則，猶咱，表示祈使語氣，與（三）用法不同。《論語・憲問》：「君曰：『告夫三子者！』」韓愈《論變鹽法事宜狀》：「宜令臣等各陳利害可否聞奏者！」陸贄《收河中後請罷兵狀》：「令欽溆奏來者！」以上皆其例。據此，亦可知此用法亦甚古。

（五）

《單刀會》四【胡十八】：「〔正末云：〕你知道『以德報德，以直抱怨』麼？〔魯云：〕既然將軍言『以德報德，以直報怨』，借物不還者爲之怨。」

上舉「者」字，用作指示代詞（指事、指物、指地、指時等），這裏指的是人。《論語・雍也》：「知者樂水，仁者樂山；知者動，仁者靜；知者樂，仁者壽。」《孟子・離婁下》：「愛人者，人恒愛之；敬人者，人恒敬之。」《韓非子・五蠹篇》：「事智者眾，則法敗；用力者寡，則國貧。」陶潛《歸園田居》五首之四：「借問採薪者，此人皆焉如？」唐・柳宗元《黔之驢》：「有好事者船載以入。」歐陽修《醉翁亭記》：「負者歌於塗，行者休於樹，前者呼，後者應，傴僂提攜，往來而不絕者，滁人遊也。」《三國志平話》卷中：「來者將軍，道破是誰，放你過！」《幽閨記》三十二：「散失忙尋相應者，那時節只爭個字兒差迭。」皆其例。

者剌古

者剌骨　剌古　鷓鴣

《虎頭牌》二【不拜門】：「則聽的這者剌古笛兒悠悠聒耳喧，那駝皮鼓鼕鼕的似春雷健。」

《盛世新聲》【雙調五供養・愁冗冗恨綿綿】：「趁著那者剌古悠悠聒耳喧，那鼉皮鼕鼕似春雷般電。」

《金安壽》一【青哥兒】：「鼉皮鼓兒鼕鼕，剌古笛兒喁喁。」

同劇三【涼亭樂】：「便道你本來面目，仙風道骨，爭如俺鼉鼓笛兒者剌古，歌鸚鵡，舞鷓鴣。」（《詞林摘艷》卷一錄此曲作「者剌骨」。）

《哭存孝》一【油葫蘆】：「悠悠的慢品鷓鴣笛。」

者剌古，曲牌名。又作者剌骨、剌古，又變音爲鷓鴣。元・陶宗儀《輟耕錄》則云：「其小曲牌名……者歸。」王國維《宋元戲曲考・餘論三》：「北曲黃鍾宮之【者剌古】，雙調之【阿納忽】、【古都白】、【唐兀歹】、【阿忽令】，越調之【拙魯速】，商調之【浪來裏】，皆非中原之語，亦當爲女眞或蒙古之曲也。」語在疑似之間，未能肯定。但據上面資料，可以證明是外來曲牌之名，且與管樂笛子有關。《續通志・樂畧一》：「按《大金國志》：鷓鴣曲歌聲高下長短如鷓鴣之聲，亦相和歌也。」因列入「金、相和歌曲」中。據《李太白集》卷八有【山鷓鴣詞】，王琦注：「按《教坊記》，【山鷓鴣】是曲名。鄭谷詩：『座中亦有江南客，莫向清風唱鷓鴣。』知山鷓鴣者，乃當時南地之新聲。」唐人許渾《聽唱山鷓鴣》詩：「金谷歌傳第一流，鷓鴣清怨碧煙愁。夜來省得曾聞處，萬里月明湘水秋。」又《聽歌鷓鴣辭》：「南國多情多豔詞，鷓鴣清怨遶梁飛。甘棠城上客先醉，苦竹嶺頭人未歸。響轉碧霄雲駐影，曲終清漏月沈暉。山行水宿不知遠，猶夢玉釵金縷衣。」并序云：「余過陝州，夜讌將罷，妓人善歌鷓鴣者，詞調清怨，往往在耳，因題是詩。」（見《全唐詩》卷五百三十四）據此可知此笛曲之名，唐代已有，不待金元矣。《續通志》所云：「如鷓鴣之聲」，恐係傅會之詞，或笛曲之外，別有相和歌之「鷓鴣」歟？又：曲牌究係本名「者剌古」轉變爲「鷓鴣」？抑本名「鷓鴣」，至金元訛爲「者剌古」呢？尚待作進一步考證。

這

《謝天香》三【二煞】：「待道是顛狂睡讛，兀的不青天這白日？」

《敬德不伏老》二【尾聲】：「眾公卿相見知何有，飲過這西出陽關這餞行的酒。」

《金錢記》三【普天樂】：「悶倚遍這翠屏山，香爐在泥金獸。」

《凍蘇秦》三【幺篇】：「他是箇祗候人的所爲，可那有孟嘗君的這度量？」

上舉各「這」字，均用作句中襯字，與用作指示詞者異。例一「青天白日」爲一連讀熟語，中間加一「這」字作襯。例二兩句中，前既有「這」字表示指示，其後面「這」字，自屬襯字。三、四兩例，前後均爲整齊對句，故所加「這」字，亦顯係襯字。凡作襯字用者，均只起調節聲調作用，不爲義。

這等

《梧桐雨》楔、白：「你這等肥伴，此胡腹中何所有？」

《合汗衫》一【青哥兒】白：「兄弟，你怎麼這等？」

同劇二、白：「既是這等，我和你兩個擲杯珓兒去來。」

《倩女離魂》一【混江龍】白：「梅香，似這等，幾時是了也？」

《陳州糶米》二、白：「老丞相，休聽人的言語，我包舉的人，並無這等勾當。」

這等，猶言這樣、這般。按：「等」，《廣韻》云：「類也。」《漢書・孝成趙皇后傳》：「丞知是何等兒也？」劉淇《助字辨略》卷三引此文注曰：「何等，猶俗云那樣。」《長生殿・聞樂》：「〔旦：〕這等你是何人？〔貼：〕兒家月中侍兒，名喚寒簧。」亦其例。

這搭

這榻　這打　這搭兒　這答兒　這荅兒　這塔兒　這塌兒　這搭裏

《薦福碑》二【煞尾】：「你是必與心兒再認下這搭沙和草，哥也你可休不掛意揩抹了這把帶血刀。」

《猿聽經》三【紅繡鞋】：「恰便似小蓬萊移在這榻。」

《紫雲庭》三【鮑老兒】：「送的人赤手空拳難過，都是俺舌尖上一點沙糖唾；越精細的越著他，怎出俺這打多情地網天羅？」

《漢宮秋》四【剔銀燈】：「恰才這搭兒單于王使命，呼喚俺那昭君名姓。」

《五侯宴》一【金盞兒】白：「員外可憐見，便摔殺了孩兒，血又不中飲，肉又不中喫，枉污了這答兒田地。」

《拜月亭》四【鴈兒落】:「當初喒那堝兒各間別，怎承望這荅兒裏重相見。」

《醉寫赤壁賦》二、白:「解子哥哥，這塔兒有些滑。」

《韓翠屏御水流紅葉》【倘秀才】:「一弄兒殘荷敗柳，這塌兒是俺那去年前題詩御溝。」

同劇四【上小樓】:「不爭你打盤旋，這搭裏同聲相應，可不差訛了四時節令？」

《倩女離魂》三【幺篇】:「空疑惑了大一會，恰分明這搭裏。」

這搭，謂這裏；又作這榻、這打、這搭兒、這答兒、這荅兒、這塔兒、這塌兒、這搭裏，義並同。按:搭、榻、打、答、塔、塌，皆音近通用。兒、裏爲名詞語尾，不爲義。

鷓鴣班

鷓鴣斑

《梧桐雨》二【叫聲】:「酒注嫩鵝黃，茶點鷓鴣班。」

《岳陽樓》二【牧羊關】:「也不索採蒙頂山頭雪，也不索茶點鷓鴣班。」

《盛世新聲》【中呂粉蝶兒・天淡雲閑】:「御園中排餚饌，酒注嫩鵝黃，茶點鷓鴣斑。」

福建特製的一種茶碗，其上有鷓鴣斑點的花紋，因名茶杯曰鷓鴣斑。清・朱琰《陶說》:「閩中造茶盞，花紋鷓鴣斑點，試茶家多珍之。」宋・吳曾《能改齋漫錄》卷十七「茶詞」條:「豫章先生少時，嘗爲茶詞寄【滿庭芳】云:『……冰甆弄影，金縷鷓鴣斑。』」是知以「鷓鴣斑」名茶碗，其來已久。斑，一作班，同音假借。

又鷓鴣斑爲香名。宋・葉廷珪《名香譜》有鷓鴣斑香、思芳香，謂其「出日南，如乳香」。黃庭堅《有惠江南帳中香者戲贈》詩:「螺甲割昆侖耳，香材屑鷓鴣斑。」與上舉元劇各例意別。

眞如

《來生債》三、白：「世人重金寶，我愛剎那靜，金多亂人心，靜見眞如性。」

《猿聽經》三、詩云：「佛法惟心不可量，無邊妙意廣含藏；有朝得悟眞如相，便是靈山大法王。」

《陽春白雪》後集三呂侍中散套【正宮・六么令】：「說破眞如妙理，唯恐露玄機。」

眞如，佛家語。佛教把實體、實性、永恒不變的眞理，叫做「眞如」。眞者，眞實之義；如者，如常不變之義。諸法之體性離開虛妄而眞實，故云「眞」；常住而不變不改，故云「如」。《成唯識論》二云：「勿謂虛幻，故說爲實。理非妄到，故名眞如。」按：諸經論中所云實相、法性、法界、圓成實性等，皆與「眞如」之意同。

眞言

《圯橋進履》一、白：「未曾看經要喫肉，喫的飽了肚兒圓，平生要喫好狗肉，喫了狗肉念眞言。」

《貨郎旦》三【上小樓】：「諕的我身心恍然，負急處難生機變，我只索念會呪語，數會家親，誦會眞言。」

《翫江亭》二【清江引】白：「誦《南華》，尊太上，講道德，說眞言。」

眞言，佛家語，即指經文或咒語。也叫做密言、密語、祕密號：別名陀羅尼（總持之義），又云呪。《大日經》云：「一切法界力，隨順眾生，如其種類，開示眞言教法。」《大日經疏》一：「眞言者，梵曰漫怛羅，即是眞語如語不妄不異之音。」

眞言作咒語解者，如：明・朱有燉雜劇《豹子和尚》三折：「這箇多是鬼祟，待我念眞言攝住他。」清・洪昇《長生殿・覓魂》：「枉念殺波沒準的眞言。」皆其例。

眞武

玄武

《任風子》二【倘秀才】：「遮莫你攝伏下北極眞武，便請下東華帝主，我道你敢是箇南方左道術。」

《單鞭奪槊》四【出隊子】白：「若非眞武臨凡世，便應黑煞下天臺。」

《鎖魔鏡》一【混江龍】：「週遭有黃旛豹尾，乘騎著玉轡銀驄，前後列朱雀玄武，左右列白虎青龍。」

眞武，即玄武。道教所尊奉的神名。宋因避諱，改玄爲眞。宋・趙彥衛《雲麓漫鈔》卷九：「朱雀、元武、青龍、白虎，爲四方之神。祥符間避聖祖諱，始改元（即玄）武爲眞武。……後興醴泉觀得龜蛇，道士以爲眞武現，繪其象爲北方之神，被髮黑衣，仗劍蹈龜蛇，從者執黑旗。自後奉祀益嚴，加號鎭天佑聖，或以爲金虜之讖。」

眞容

《梧桐雨》四、白：「今日教某掛起眞容，朝夕哭奠。」

《趙氏孤兒》五【小梁州】：「我待請個丹青妙手不尋常，傳著你眞容相，侍奉在俺家堂。」

《兩世姻緣》二【柳葉兒】白：「妳妳，你將些盤費，倩一箇人把我這幅眞容和這篇詞，往京師尋那韋秀才去。」

同劇三、白：「有我女兒遺下的眞容，你自看者！」

眞容，猶今云畫像。《廣弘明集》卷二十九北魏・高允《鹿苑賦》：「注誠端思，仰模神影，庶眞容之髣髴，耀金暉之煥炳。」唐・王建《宮詞》：「看著中元齋日到，自盤金線繡眞容。」亦單作眞或容，例如：宋・蘇軾《贈寫眞何充秀才》詩：「問君何苦寫我眞？」明・葉盛《水東日記》卷三十四「白樂天畫像」條：「白樂天畫像一幅，二像對立，一則五十時『容』，一則六旬後『眞』也。」

針指

針黹　鍼指　鍼黹

《救風塵》三【黃鍾尾】：「我若還嫁了你，我不比那宋引章，針指油麵，刺繡鋪房，大裁小剪，都不曉得一些兒的。」

《玉鏡臺》一【幺篇】白：「妾身倩英，正在房中習針指，梅香說母親在前廳呼喚，不知有甚事，須索走一遭去。」

《風光好》四【啃徧】:「我爲你截日離了官司，再不當火院家私，便弄針黹。」

《西廂記》三本一折【油葫蘆】:「一箇睡昏昏不待觀經史，一箇意懸懸懶去拈鍼指。」

同劇一本楔子、白:「祗生得箇小姐，小字鶯鶯，年一十九歲；鍼黹女工，詩詞書算，無不能者。」

《東牆記》一、白:「終日在繡房中描鸞刺繡、鍼黹女工，十分悶倦。」

凡刺繡、縫製等女紅（工），總稱爲針指，猶云針線；又作針黹、鍼指、鍼黹，音義並同。按：針、鍼，同字異體；指、黹同音通用。宋・袁文《甕牖閒評》卷六:「針指二字本俗語，《夷堅志》採而用之，亦自不惡也。其記婺州民女書云：『夜與母共寢，晝則作指針於牖下。』」清・翟灝《通俗編・服飾・鍼黹》:「《爾雅・釋言》:『黹，紩（zhì）也。』注云：『今人呼縫紩衣爲黹，陟几切。』按：黹音近指，俗云鍼指，實當爲鍼黹。」現在此語仍通行。

爭

曾　憎

爭：一、謂競爭、爭奪；二、猶怎；三、謂差；四、指車裂之刑；五、謂幾乎；六、因爲。

（一）

《東堂老》楔、白:「揚州奴，我和你爭拜那？」

《趙禮讓肥》三【聖藥王】:「不索你三個爭，那個乖，也是前生注定血光災。」

《桃花女》二【滾繡毬】:「則你這媒人一個個啜人口似蜜鉢；都只是隨風倒舵，索媒錢嫌少爭多。」

《盆兒鬼》一【金盞兒】白:「客官，你說要蚤行，不是我小器相，先見賜些房錢，免得憎多道少，倒也乾淨。」

以上「爭」字，謂競爭，爭奪，互不相讓。《廣韻》:「爭，競也。」《說文》:「爭，引也。」段注:「凡言爭者，謂引之使歸於己也。」《書・大禹謨》:

「天下莫與爭能。」曹丕《豔歌何嘗行》：「寒苦常相隨，忿恚安足爭？」皆其義。一作憎、音近而訛。又作諍，如敦煌變文《伍子胥變文》：「六雄競起，八口諍侵。」爭、諍古通用。

（二）

《董西廂》卷六【仙呂調・相思會】：「算來今日，請我赴席後爭敢？」

《漢宮秋》二【南呂一枝花】：「守著你皓齒星眸，爭忍的虛白晝？」

《㑳梅香》二【歸塞北】白：「倘事不諧，妾身不免於箠楚，那時先生爭忍乎？」

《倩女離魂》一【混江龍】：「爭把俺情義輕拋？」

《博望燒屯》一【醉中天】白：「西蜀乃吾宗族劉璋所居之地，劉備爭忍圖之？」

《貶夜郎》二【滾繡毬】：「不戀著九間天子長朝殿，曾如三尺黃公舊酒壚，但行處挈榼提壺。」

《雍熙樂府》卷十二無名氏散套【夜行船・離恨】：「曾有半字兒眞實！把些神前呪做了小兒戲。」

以上各例，爭，猶怎，用作疑詞，表示發問。白居易《題峽中石上》詩：「誠知老去風情少，見此爭無一句詩！」李商隱《贈鄭大台文南鄞》詩：「爭拭酬恩淚得乾？」杜牧《邊上聞笳》詩：「遊人一聽頭堪白，蘇武爭禁十五年！」據此，知唐代已習用爭字。故徐渭《南詞敘錄》謂：「唐無怎字，借爭爲怎。」近人張相發揮其說：「自來謂宋人用怎字，唐人只用爭字。」（見《詩詞曲語辭匯釋》卷二）實際唐代也有用怎字的，例如敦煌變文《維摩詰經菩薩品變文甲》：「怎生得受菩提禮。」宋人也不是不用爭字，如柳永【八聲甘州】：「爭知我倚闌干處，正恁凝愁。」司馬光【西江月】詞：「相見爭如不見，有情還似無情。」王詵【燭影搖紅】詞：「幾回得見，見了還休，爭如不見。」皆可證。話本《今古奇觀・逞錢多白丁橫帶》：「自家的歹爭做好；別人的好爭做歹。」兩爭字亦怎意也。

爭，一作曾（zēng），音近借用。

（三）

《劉知遠諸宮調》十一【仙呂調·繡帶兒】:「你須曾見眉眼耳腮口和鼻，比我只爭些年紀，如今恰是一十三歲。」

《玉鏡臺》三【耍孩兒】:「你少年心想念著風流配，我老則老，爭多的幾歲。」

《西廂記》四本四折【甜水令】:「想著廢寢忘飡，香消玉減，花開花謝，猶自覺爭些。」

《劉行首》三【普天樂】:「比乘風的未似，比立雪的爭些。」

《來生債》一【幺篇】詩云:「善惡到頭終有報，只爭來早與來遲。」

上舉各例，爭，猶云差也。杜荀鶴《自遣》詩:「百年身後一丘土，貧富高低爭幾多？」辛棄疾【江神子】詞:「比著桃源溪上路，風景好，不爭些。」《七國春秋平話》卷上:「斧斫分毫中，槍爭半點偏。」《牡丹亭·閨塾》:「女弟子則爭箇不求聞達，和男學生一般兒教法。」意並同上。

（四）

《哭存孝》二【尾聲】白:「阿媽的語言，爲你背義忘恩，五車爭了你哩！」

同劇三【耍孩兒】:「將存孝五車爭壞，霎時節七段八節。」

轘（huàn）裂（以車裂人）之刑，北人謂之五車爭。王季烈在《孤本元明雜劇》校本中改爭作裂，是不熟悉北語之故。按:車裂這種酷刑，始於戰國。《孔叢子》:「齊王行車磔之刑。」《國策·秦策》:「商君歸還，惠王車裂之。」《通典·刑制》:「嫪毒作亂，敗，其徒二十人皆梟首，車裂珣，滅其宗。」後世之轘刑、磔刑，皆其類。

（五）

《抱粧盒》一【寄生草】:「若不是昭陽宮粉黛美人圖，爭認做落伽山水月觀音現。」

上舉「爭」字，意猶幾乎。意同爭些、爭些兒、爭些個；省作爭。可參閱「爭些」條。

（六）

《伊尹耕莘》一、白：「只爭室女難收養，送赴空桑天主張。」

此爭字，意謂因爲。只爭，只因爲也。

爭交

相搏　相撲　廝撲

《獨角牛》一、白：「我那兄弟有些膂力，前年去泰安神州爭交賭籌去了，一向不曾來家。」

同劇同折【混江龍】：「〔禾俫云：〕哥哥，你這等刺槍弄棒，爭交賭籌，每日出來瞞著父親，你可怎生支持也？」

同劇三、白：「依古禮鬬智相搏，習老郎捕腿拏腰。」

又：「賽堯年風調雨順，許人人賭賽爭交。」

又：「我在這露臺上，跌打相搏，爭爭交賭籌，二年無對手了。」

《陳州糶米》三【隔尾】：「我須爲百姓每可憐，似肥漢相愽（搏），我著他只落的一聲喘。」

《太平樂府》卷九杜善夫散套【耍孩兒・喻情】：「相撲漢賣藥干陪（賠）了擂。」

《獨角牛》二【紫花兒序】：「我怎肯主著面拳廝撲，和他兩箇廝捱。」

爭交，或作相搏、相撲、廝撲，均指摔跤，即相撲角力也。此種技藝，相傳起源於戰國。秦稱角觝（見《漢書・刑法志》），漢稱角抵。《漢書・武帝紀》：「（元封）三年春，作角抵戲。」顏師古注引應劭曰：「角者，角技也；抵者，相抵觸也。」宋、元時一般稱相撲或爭交。但角觝之名亦並存。吳自牧《夢粱錄》卷二十「角觝」條云：「角觝者，相撲之異名也。又謂之爭交。」清・翟灝《通俗編・俳優・角觝》：「《述異記》：古蚩尤有角，以角觝人，人不能向。今冀州有蚩尤戲，頭戴牛角而相觝。《武林舊事》以相撲爲角觝社。」角觝又作角牴，相撲又作跌撲，如《西湖二集・吹鳳簫女誘東牆，跌撲爭奇》，是也。搏與撲，相與廝，義俱同。這種角力的遊戲，後世相沿不廢。清代置善撲營，定額二百名。蒙古習俗重此，滿語謂之布庫（見《清會典》）。

上述這種體育技藝，不限於男子。到宋代，女子相撲也很盛行。《武林舊事》卷一「聖節」條就記有名手「張椿等十人」參加「女廝撲」這個節目。

爭奈

爭柰　爭那

《竇娥冤》楔、白：「爭奈時運不通，功名未遂。」

《救風塵》一、白：「他一心待嫁我，我一心待娶他，爭柰他媽兒不肯。」

《漢宮秋》一、白：「爭奈他本是莊農人家，無大錢物。」

《調風月》一【勝葫蘆】：「怕不依隨蒙君一夜恩，爭奈忒達地忒知根，兼上親上成親好對門。」

《遇上皇》一【金盞兒】白：「我幾番待要娶他爲妻，他也有心待嫁我，爭柰他有夫主。」

《襄陽會》一、白：「爭柰此城地方窄狹，亦無糧草，怎生與他拒敵。」

《博望燒屯》二、白：「我欲待統兵迎敵，爭那俺軍師管通病體在身，未曾行兵。」

爭奈，謂怎奈、無奈；奈，同柰，或作那，雙聲通用。按那，猶云奈何也。《左傳》宣公二年：「棄甲則那。」顧炎武《日知錄》謂：「直言之曰『那』，長言之曰『奈何』，一也。」白居易《琵琶》詩：「賴是心無惆悵事，不然爭奈子絃聲。」敦煌變文《金剛般若波羅講經文》：「大有顏客（容）相似者，爭那尊卑事不同。」《長生殿・夜怨》：「只恐行雲隨風引，爭奈閒花競日研，終朝心暗牽。」皆其例。

爭些

爭些兒　爭些個

《竇娥冤》一、白：「爹，是箇婆婆，爭些勒殺了。」

《黃粱夢》四、白：「時遇冬天，大風大雪，將俺三口兒爭些凍殺。」

《倩女離魂》三【四煞】：「氣的我痛如淚血流難盡，爭些魂逐東風吹不回。」

《漁樵記》一【青哥兒】白：「我尋賢士，覓賢士，爭些兒當面錯過了。」

《秋胡戲妻》四【鴛鴦煞】：「若不爲慈親年老誰供養，爭些個夫妻恩斷無承望。」

爭些，或作爭些兒、爭些個；意爲幾乎、差一點。又作爭些子，如宋・劉克莊【滿江紅・傅相生日癸亥】詞：「江左惟公，爭些子吾其衽髮。」按個、兒、子，均爲語尾助詞，無義。

又簡作爭，參見爭字條（五）。

爭鋒

爭風

爭鋒：一、謂衝突、爭勝；二、猶爭風。

（一）

《董西廂》卷二【正宮・文序子】：「何曾敢與他和尚爭鋒，望著直南下便迸。」

《單刀會》四【沉醉東風】白：「今朝席上，倘有爭鋒，恐君不信，拔劍施呈。」

《博望燒屯》四【中呂粉蝶兒】：「自從和曹操爭鋒，恰如同一場春夢。」

爭鋒，意謂衝突、爭戰、爭強比勝。《漢書・張良傳》：「楚人剽疾，願上愼毋與楚爭鋒。」《三國志・蜀志・諸葛亮傳》：「今曹已擁百萬之眾，挾天子而令諸侯，此誠不可以爭鋒。」曹子建《相論》：「故可以相持，難以爭鋒。」《梁書・侯景傳》：「西人善水戰，不可與爭鋒。」《舊唐書・竇建德傳》：「今與爭鋒，恐公不能敵也。」皆其例。

（二）

《玉壺春》二【梁州第七】：「爭鋒處，準備著施謀量，顯吹彈歌舞，論角徵宮商，使心猿意馬，逞舌劍唇鎗，著那等嫩鴿鶵眼腦著忙，訕杓倈手腳慌張。」

《東堂老》四【殿前歡】：「他去那麗春園納了那顆爭鋒印。」

《詞林摘艷》卷一蘭楚芳小令【四塊玉‧風情】:「雙漸貧,馮魁富,這兩箇爭風做姨夫。」

在這裏,爭鋒義同爭風,即在狎妓關係上,因嫉妬而相爭,俗謂爭風吃醋。《古今小說‧新橋市韓五賣春情》:「常言道:『近奸近殺。』倘若爭鋒起來,致傷人病,也要帶累鄰舍。」亦其例。

爭競

爭競

爭競,一作爭兢;有爭執、吵鬧、生活等義。後二義實爲第一義的引申。

(一)

《薛仁貴》一【油葫蘆】白:「三箭定了天山,此功最大。您二將爭競,未知是誰的功勞也。」

《符金錠》二【採茶歌】:「姐姐,那韓松知道呵,必然與俺爭競也。」

《黃鶴樓》四【梁州】:「若有些箇爭競,半米兒疎失,來、來、來,我和你做一箇頭敵。」

《貨郎旦》一【天下樂】:「你正是引的狼來屋裏窩,取到家也不和,我怎肯和他輪車兒伴宿爭兢多。」

《陳州糶米》三【梁州第七】:「都只是莊農每爭兢桑田。」

爭,《廣韻》:「競也。」故「爭競」實爲一複義詞,就是爭的意思。它可以顚倒或分開用。如《殺狗勸夫》四【醉春風】白:「爲甚麼爭桑競土?」《魔合羅》三【逍遙樂】:「莫不是競土爭桑?」競,一作兢,以音、形俱近而訛。

此用法唐已見,如韓愈《寒食日出遊》詩:「邇來又見桃與梨,交開紅白如爭競。」此詞,今仍通行。

(二)

《金線池》三【二煞】:「我比那竊牆賊蝎螫索自忍,我比那俏郎君掏摸須噤聲,那裏也惡茶白賴尋爭競?」

《曲江池》三【二煞】:「我和他埋時一處埋,生時一處生,任憑你惡叉白賴尋爭競。」

《紅梨花》二【罵玉郎】:「雖然奉著俺尊堂命，怎敢緊揞住他角帶鞓，走將來尋爭競。」

這裏的「爭競」，謂吵鬧；尋爭競，即找是尋非之意。

（三）

《紫雲庭》一【仙呂點絳唇】:「我每日撇欠爲生，俺娘向諸宮調裏尋爭競。」

上例爭競與爲生互文，亦生活之意。尋爭競，即尋討生活的意思。

掙

錚 撐 撑

掙：一、謂把口袋張開；二、用同撐，謂美容、漂亮；三、謂磨礪；四、謂吃得過飽；五、用作感嘆詞；六、謂掙脫；七、謂出力所得；八、狀呆癡貌；九、謂贏，謂勝；十、以篙進船曰撐，亦曰掙；十一、以音同或音近，假借爲這。

（一）

《趙禮讓肥》二【滾繡毬】:「掙著我這餓肚皮，拳攣著我這凍軀殼。」

《陽春白雪》前集二趙九錫小令【蟾宮曲】:「醉眼掙開，遙望蓬萊。」

《陳州糶米》一【天下樂】白：「你掙著口袋，我量與你麼。」

《瀟湘雨》三【刮地風】:「則見他努眼撑睛大叫呼。」

北語把東西張開叫做掙（zhēng），通寫作撐。

（二）

《董西廂》卷三【仙呂調・戀香衾】:「梳裏箱兒裏取明鏡，把臉兒掙得光瑩。」

《西廂記》二本二折【滿庭芳】:「下工夫將額顱十分掙，遲和疾擦倒蒼蠅，光油油耀花人眼睛，酸溜溜螫得人牙疼。」

《樂府群珠》卷四關漢卿小令【普天樂・虛意謝誠】:「下工夫將額顱十分掙。」

《雍熙樂府》卷五散套【點絳脣・每日家品竹調絃】:「他將那瘦龐兒潤得掙，村磕子侃得圓。」

《樂府新聲》上商政叔散套【一枝花・嘆秀英】:「老妖精縛手纏腳，揀掙勤到下鍬钁，甚娘過活！」

掙，謂美。用爲動詞，是打扮之意，如前三例；用爲名詞或狀詞，是漂亮之意，如後兩例。明人王伯良注《西廂》解爲擦拭，表示出動態，但不包含美意，不若解爲擦光。

（三）

《智勇定齊》楔【仙呂賞花時】白：「田能便與我整搠軍馬，錚金磨刀。」

錚，與磨互文，錚即磨礪之意，讀如「蹭（cèng）」。蘇軾《格物麤談》卷下：「錚刀，用白馬蹄羊角一兩，煅頭髮五錢，煅水銀三錢，共爲細末，錚之即明。」或借作掙，如：明・闕名《聚獸牌》一【尾聲】:「每日家掙劍磨刀立砲石。」《活拏蕭天佑》二【滾繡毬】:「俺端的無明夜掙劍磨刀。」兩「掙劍磨刀」均與「錚金磨刀」句意同。今河北方言，仍稱用力擦淨金屬器皿上的污垢爲「蹭」。

（四）

《傷梅香》四【駐馬聽】:「則是你那饑肚皮不剋化黃虀菜，儘教他休要睬；不到那二更過，敢掙破了天靈蓋。」

《殺狗勸夫》二【六煞】:「我便吃了你那半碗麵，早登時掙的肥。」

《蔣神靈應》一【尾聲】白：「我撐的肚脹動不的。」

吃得過飽，腹滿肚脹謂之掙，同撐（chēng）第（一）義。

（五）

《樂府群玉》卷一趙善慶小令【寨兒令・美妓】:「輕顰欺燕燕，淺笑妒鶯鶯。掙！那更性胡伶。」

此「掙」字用爲感嘆詞，無實義。

（六）

元刊本《單刀會》三【鮑老兒】:「刀挑了征袍離了許昌，掙了曹丞相。」

《伍員吹簫》二、白：「還喜的我家孩兒有些本事，掙的回來。」

此「掙」字讀去聲，謂掙脫。《西遊記》第六十九回：「那呆子右掙右掙，掙不得脫手。」亦其例。

（七）

《漢宮秋》楔、白：「俺祖高皇帝，奮布衣，起豐沛，滅秦屠項，掙下這等基業，傳到朕躬，已是十代。」

《來生債》一【那吒令】：「你家的富貴，不是你祖上遺留的，便是你自家掙起來的，何苦又要逃遁他去？」

此「掙」字讀去聲，意謂出力而取得的收獲。

（八）

《董西廂》一【雙調·尾】：「瞥然一見如風的，更甚心情更待隨喜，立掙了渾身森地。」

《合汗衫》二【幺篇】：「天那！諕得我立掙癡呆這半霎。」

此「掙」字狀發怔發癡之態。例二掙與癡呆連文，其意益顯。明·闕名《東平府》四【甜水令】：「諕的他那城市居民，癡呆立掙，無著無法。」明·闕名《活拏蕭天佑》三【紫花兒序】：「你看這虎士雄兵前後擁，我教那韓延壽立如癡掙。」皆可證。

（九）

《博望燒屯》三、白：「喒如今口強，便掙一半。」

這裏的掙，謂贏，謂勝。

（十）

《岳陽樓》二【黃鍾尾】白：「你與我撐開這船，掛起帆。」

《馮玉蘭》二、白：「吃得醉飽了，便撐動篙來開起船來。」

《盛世新聲》【雙調新水令·恨天涯流落客孤寒】：「掙開船，掛起帆。」

用篙使船前進曰撐，也叫掙，現在口語仍沿用。

（十一）

《太平樂府》卷六喬夢符散套【賞花時·風情】：「我是箇鍛鍊成的鐵連環，不比您捻合就的泥圈套，掙麼快的鋒芒怎敢犯著？」

掙，應作指示詞「這」，「掙麼快」，即這麼快也。以音近借爲掙。

掙棗

《單刀會》三【堯民歌】白：「鬍長一尺八，面如掙棗紅。」

《三戰呂布》一、白：「家住蒲州是解良，面如掙棗美鬍長。」

形容臉色紫紅，象棗子一樣，稱爲掙棗。或作重棗，如：《清平山堂話本·洛陽三恠記》：「那人生得面色深如重棗。」又《西湖三塔記》：「面色深如重棗。」或作蒸棗，如《大慧禪師自贊其像》：「鄒搜歛（臉）似天蒸棗。」按：掙、重雙聲；掙、蒸同音，均通用。

蒸作

《延安府》二、白：「我做厨子實是標，偏能蒸作快烹炰。」

蒸作，指製作蒸熟的各種點心的技能。吳自牧《夢粱錄》卷十六「葷素從食店」條：「市食點心，四時皆有，任便索喚，不悞主顧。且如蒸作麵行賣四色饅頭、細餡大包子、賣米薄皮春蠒、生餡饅頭、餣子、笑靨兒、金銀炙瞧牡丹餅、雜色煎花饅頭、棗箍荷葉餅、芙蓉餅、菊餅、月餅……」明·朱有燉雜劇《豹子和尚》三【窮河西】：「鄭媽媽蒸作世無敵。」亦其例。

箏

䈴

《金線池》三【醉高歌】白：「拆白道字，頂鍼續麻，搊箏撥阮，你們都不省得。」

《大刼牢》二【紅繡鞋】白：「長者！未知是好人歹人，你省的捍麵杖壓䈴兒，你麁操。」

箏，戰國時流行於陝西一帶的絃樂器，即瑟，又名䈴。《集韻》：「秦俗薄惡，有父子爭瑟者，又各入其半，故當時名其器曰箏，又曰䈴。」最初五絃，後來增多到十三絃。《急就篇》三顏師古注曰：「箏亦瑟類也，本十二絃，今則十三。」是十三絃，始於唐也。段安節《樂府雜錄》：「箏者，蒙恬所造也。」按：唐宋時教坊所用之箏，均十三絃，唯清樂用十二絃，以寸餘長的鹿骨爪撥奏。近代箏增至十六絃，現經改革，增至十八絃、二十一絃、二十五絃等，能轉十二個調。明·朱有燉雜劇《賽嬌客》二【耍孩兒】：「這箏宋承天彈的實高強，曾受銀箏重賞；十三絃內取新腔，韻清和節按宮商。」同劇同折【四煞】：「這䈴起於秦始皇，傳於唐宋廣。」均其例。

整扮

《五侯宴》四：〔李嗣源同四將整扮上。〕

《西廂記》三本二折【幺篇】：「我向這筵席頭上整扮，做一箇縫了口的撮合山。」

《智勇定齊》四：「〔正旦整扮領侍女上，云：〕妾身無鹽女是也，公子令人來請，須索走一遭去。」

元明劇搬演時有整扮、倒扮（見《認金梳》、《三化邯鄲》劇）、小打扮（見《東平府》劇）之分。整扮，指妝扮特別整齊者；係元明時勾闌習用語。小令中亦有用之者，如張可久小令【殿前歡・西溪道中】：「綠柳青帘，旋挑來野菜甜。杜醞濁醪，整扮村姑嫈。」明・無名氏雜劇《南極登仙》三：〔外龍神整扮引水卒上〕。皆其例。

整備

《金線池》四【收江南】白：「著他整備鼓樂。」

《燕青博魚》三、白：「我如今整備下好酒好食，與你到後花園亭子上吃幾杯兒酒。」

《西廂記》三本三折【得勝令】：「若到官司詳察，整備著精皮膚喫頓打。」

《合汗衫》一、白：「孩兒在看街樓上，整備一杯，請父親母親賞雪咱。」

《麗春堂》三【收尾】白：「我與你將酒餚整備，再到十里長亭，與丞相送行。」

整備，猶今云備辦、準備。明・施君美《幽閨記》二十【鮑老催】：「連忙整備排筵席。」明・許時泉雜劇《赤壁遊》：「小人只得先去打掃官船，整備什物則個。」皆其例。

整搠

《虎頭牌》二【阿那忽】白：「整搠軍馬，隄備賊兵。」

《老君堂》楔、白：「喒領大勢軍兵，整搠人馬去接應。」

《存孝打虎》一【寄生草】白：「吾兒李亞子說的是，則今整搠人馬，破黃巢去。」

《豫讓吞炭》二【滾繡毬】白：「一壁廂整搠人馬掩擊，無不成者。」

整搠（zhěng shuò）猶言整點。《集韻》：「搠，色角切，音朔。」按，搠，疑爲「率」之借用字；搠、率雙聲字。整搠，即整備率領之意。

宋人詩文中或作整促、整娖（chuò綽）。前者如司馬光《涑水紀聞》卷十一：「及明，（劉）平命軍士整促甲馬，再與賊戰。」後者如梅堯臣《寄題知儀州太保蒲中書齋》詩：「老繫戰馬向庭下，厨架整娖齊牙簽。」《水滸》則作整束，如第七十八回：「諸軍盡皆得令，整束了三日，請高太尉看閱諸路軍馬。」諸詞與整搠意並近，錄之以備參。

正本

證本　徵本　掙本

《董西廂》卷一【中呂調・尾】：「儻或明日見他時分，把可憎的媚臉兒飽看了一頓，便做受了這恓惶也正本。」

《救風塵》三【黃鍾尾】：「但休了你這眼下人，不要你錢財使半文，……我將你寫了的休書正了本。」

《東堂老》四【沉醉東風】：「我只著你受盡了的飢寒，敢可也還正的本。」

《凍蘇秦》四【喜江南】：「蘇秦只是舊蘇秦，今日箇證本，想皇天也不負讀書人。」

《合同文字》二【煞尾】：「千里關山勞夢魂，歸到梁園認老親，恁時節纔把我這十五載流離證了本。」

《西遊記》一本三齣【幺】：「這的是一番提起一番新，與我那十八年的淚珠都徵了本。」

《替殺妻》二【尾聲】：「我與你有恩念哥哥掙了本。」

本，指本錢；正本，即夠本、償本之意。正，或作證、徵、掙，音近義並同。《醒世恒言・劉小官雌雄兄弟》：「方才說的是男人粧女敗壞風化的。如今說個女人粧男，節孝兼全的來正本。」此正本，亦償本之意。

正末

《燕青博魚》楔：「〔正末扮燕青上，云：〕嗨！早悮了假限十日也。」

《西廂記》一本一折：〔正末扮騎馬引倈人上。〕

《劉弘嫁婢》二【朝天子】：〔正末做見卜兒科。〕

元劇腳色名，元劇中扮演主要男性人物的，叫做正末，有時稱爲末尼或簡稱末，約相當於傳奇及京劇裏的生。大約是由宋雜劇、金院本的末尼演變而來。元雜劇有「末本」、「旦本」之別，凡末本，全部曲子例由正末獨唱。每劇只有一個正末，但在四折中，正末可扮演不同的人物。

正旦

《西廂記》一本楔子【仙呂賞花時】：〔正旦扮鶯鶯上。〕

《智勇定齊》一：〔正旦扮鍾離春上。〕

《剪發待賓》一：〔正旦扮陶母上。〕

元劇腳色名，元劇中扮演主要女性人物的，叫做正旦，或簡稱旦。它是由宋雜劇、金院本的裝旦演變而來。以扮演莊重賢淑的婦女爲常例。因其常著青衣（即黑衫），以表樸素，故後世又有青衣之稱。正旦，在元劇「旦本」中和正末在「末本」中一樣，擔任獨唱角色，其他腳色即使出場，也只有白而不唱。

關於旦名稱的來源，還可以上溯到西漢，參看「粧旦色」條。

正身

《秋胡戲妻》一【村裏迓鼓】：「他去了正身，只是俺婆婦每，誰憐誰問？」

同劇四【得勝令】白：「一心妄想洞房春，誰料金榜擂搥有正身？」

正身，謂確係本人，非冒名頂替者。唐・杜佑《通典十七・選舉五》：「故俗間相傳云：『入試非正身，十有三四；赴官非正身，十有二三。』此又弊之尤者。」

明・施君美傳奇《幽閨記》七：「正身拿住受官賞。」明・馮北海雜劇《不伏老》四折：「你若眞個是正身，也是久慣積年的了。」《清平山堂話本・曹伯明錯勘臟記》：「卻說曹州州尹升廳，忽東平府發文書來取曹州東關裏開客店的曹伯明正身到來。」《水滸》第十七回：「立等相公要拿這七個販棗子的並賣酒的一人，在逃軍官楊志各賊正身。」以上皆其例。現在還這樣說，如云「驗明正身，押赴刑場。」

正果

證果

《魯齊郎》四【收尾】:「莫説他做親的得成就好姻緣，便是俺還俗的也不悮了正結果。」

《忍字記》四【堯民歌】白:「徒弟，你今日正果已成，纔信了也呵。」

《昇仙夢》四、白:「下紫府兩次三番，成正果似易實難。」

《西廂記》三本二折【煞尾】:「你那隔牆酬和都胡侃，證果的是今朝這一簡。」

《鐵拐李》四【二煞】詞云:「跟貧道證果朝元，拜三清同朝玉帝。」

《來生債》四【殿前歡】白:「居士，今日功成行滿，證果朝元也。」

正果，佛家語。果者，結實之意，即謂學佛的人經過長期修煉，徹悟禪機，有所成就也。正者，言學佛所得之果，有別於邪魔外道，故稱正果。宋·釋普濟《五燈會元》:「依吾行者，定證妙果。」元·伊世貞《瑯嬛記》上:「天女本來淨，摩登媱第一，今各成正果，淨媱無分別。」皆其例。後借此泛指好的下場或結局，如《魯齋郎》、《西廂記》兩例是。正，一作證，音義同。

正軍

《秋胡戲妻》一【天下樂】:「〔勾軍人云:〕我奉上司鈞旨，你是一名正軍，著我來勾你當軍去。〔做套繩子科。〕」

同劇、一、【元和令】:「指望他玉堂金馬做朝臣，原來這秀才每當正軍。」

正軍，是相對貼戶而言。元代規定:出人參軍的曰正軍戶，出錢免役的曰貼軍戶。《元史·兵志一》:「既平中原，發民爲卒，是爲漢軍。或以貧富爲甲乙，戶出一人，曰獨軍戶;合二、三戶而出一人，則爲正軍戶，餘爲貼軍戶。」又云:「正軍貧乏無丁者，令富強丁多貼戶權充正軍應役，驗正軍物力，卻令津濟貼戶，其正軍仍爲軍頭如故。或正軍實係單丁者，許傭雇練習人應役，丁多者不得傭雇，軍官亦不得以親從人代之。」又云:「舊例:丁力強者充軍，弱者出錢，故有正軍、貼戶之籍。」可參閱「貼戶」條。

正經

《張天師》二【梁州第七】白：「你老人家沒正經，則管裏絮絮叨叨的。」

《智勇定齊》一、白：「抽籤擲珓，一貫好鈔，全無正經，則是胡道。」

《黃鶴樓》一、白：「父親，你沒正經，您孩兒主張了便罷，又叫他來怎的？」

《符金錠》三、白：「姐姐，你也沒正經，那一日見了那一箇人，你這兩日茶不茶，飯不飯，想他怎麼的也？」

正經，指人之言行坐臥，莊重正派，如上舉各例是。清・李玉《清忠譜》傳奇上：「都是粗魯之人，草草莽莽幹不得正經。」例意同。但也有反用的，如《醒世恒言・吳衙內鄰州赴約》：「原來吳衙內夜間多做了正經，不曾睡得。」這裏的「正經」是反話，即「不正經」；在修辭學上，此謂之以反語見意。

正錢

《看錢奴》二【倘秀才】：「〔陳德甫云：〕他這正錢，可是多少？〔賈仁云：〕這個你莫要管我，我是個財主，他要的多少，我指甲裏彈出來，他可也喫不了。」

同上：「〔正末云：〕先生，那反悔的罰寶鈔一千貫，我這正錢可是多少？〔陳德甫云：〕知他是多少？秀才，你則放心，恰纔他也曾說來，他說我是個巨富的財主，要的多少，他指甲裏彈出來的，著你喫不了哩。〔正末云：〕先生說的是，將紙筆來！〔旦兒云：〕秀才，喒這恩養錢可曾議定多少？你且慢寫著！」

漢・陸賈《新書・鑄錢》：「奸錢日繁，正錢日亡。」其正錢云云，是指優質錢幣。這裏曲文所舉，則是指賣孩子的身價，即恩養錢。可參閱「恩養錢」條。又，「正錢」，指正價，與其他花費錢相對而言，例如買房屋，正價多少錢，另外謝中人、房契等也需花錢。正價就叫做正錢。

正名師

正明師　證明師　證盟師

《西遊記》一本四齣【得勝令】：「長老便是正名師。」

《兒女團圓》四【沽美酒】：「你再休啮昏波掛齒，現放著一箇正名師。」

《殺狗勸夫》四【堯民歌】：「那王婆須是俺的正名師。」

《張天師》三【叫聲】：「見放著正名師，不是，不是胡攀指，誰教你隱藏下這個可喜的女孩兒？」

《風光好》四【哨遍】：「則這腕兒上慢鬆了的金釧是相知，身兒上寬綽了羅衣是正明師。」

《看錢奴》四【幺篇】：「猛覷了這字，是俺正明師，想祖上留傳到此時，是兒孫合著俺兒孫使；若不沙，怎題著公公名氏？」

《百花亭》四【殿前歡】：「這的是證明師，決撒了也春風驕馬五陵兒。」

《抱粧盒》三【七弟兄】：「今日箇指、指、指道陳琳便是箇證盟師。」

正名師，或作正明師、證明師、證盟師，意爲見證人、證明人（包括證物）。按：應從「證明師」。正、名、盟都是借用字。佛家受戒的儀式，要三師七證。七證者，即證明師七人也。

正腔錢

《曲江池》一【賺煞】：「我則索你個正腔錢，省了你那買閒錢。」

正腔錢，謂聽歌錢，即賞給歌者的纏頭之資。白居易《琵琶行》：「五陵年少爭纏頭，一曲紅綃不知數」，是也。

正點背畫

點紙畫字

《東堂老》楔：「〔趙國器做寫科，云〕這張文書我已寫了，我就畫個字。揚州奴，你近前來，這紙上，你與我正點背畫個字者！〔揚州奴云：〕你著我正點背畫，我又無罪過，正不知寫著甚麼來。兩手揑得緊緊的，怕我偷吃了！」

同劇楔子：「〔正末云：〕你既不知，你可怎生正點背畫字來？〔揚州奴云：〕父親著您孩兒畫，您孩兒不敢不畫。」

《虎頭牌》三【沉醉東風】：「〔正末云：〕經歷，著他點紙畫字者！〔經歷云：〕老完顏，著你點紙畫字哩。〔老千户云：〕經歷，我那裏省得點紙畫字？〔經歷云：〕這紙上點一點，著你吃一鍾酒。〔老千户云：〕我點一點兒呵，吃一鍾酒；將來將來，我直點到晚。〔經歷云：〕你畫一個字者。〔老千户云：〕畫字了。〔經歷云：〕老完顏點了紙，畫了字也。」

《村樂堂》三【柳葉兒】白：「他可道招了也，點了紙，畫了字。」

正點背畫，猶今云畫押、簽字。童伯章注謂：「官文章常用硃筆首點尾勾，以明主政過目，並無增減僞造等弊。此云正點背畫：正點者，紙之正面作點以爲識；背畫者，紙之背面畫字以爲信。書中語不令知，但使承認此書之非僞造。」此說與上所舉曲白相印證，童說是。或作點指畫字，意同；如《水滸》第二十六回：「叫他兩個都點指畫了字；就叫四家鄰舍書了名，也畫了字。」按：指爲紙的同音借用字。

掙揣

掙閫　闡閫　掙挫　掙側

掙揣（zhèng chuài），或作掙閫、闡閫、掙挫、掙側。約舉其義有五：一、謂用力謀取、掙得；二、謂用力支撐或擺脫；三、謂顯耀；四、謂央求；五、謂勇敢。

（一）

《冤家債主》二【逍遙樂】白：「多虧了他早起晚眠，披星帶月，掙揣下這個家私。」

《羅李郎》一【後庭花】白：「老爹掙閫了許來大家私，您孩兒正好快話哩！」

《陳州糶米》二【耍孩兒】：「我須是筆尖上掙閫來的千鍾祿。」

《竇娥冤》一【賺煞】：「俺公公撞府衝州，闡閫的銅斗兒家緣百事有。」

《鐵拐李》二、白：「孔目，你平生吃辛受苦，闡閫下平日愛穿的幾件衣服。」

掙揣，謂用力謀取、取得、掙得；掙揣，或作掙閩、闒閩，音義並同。或作掙挫，如明·凌初成雜劇《虬髯翁》一【混江龍】:「投至得稱孤道寡施張盡，全是那渴飲飢飡掙挫來。」或簡作掙，參見「掙」字條（七）。

（二）

《劉知遠諸宮調》二【中呂調·木笪綏】:「他掙揣不去，刀自抹，繩自繫，覓个死處。」

《董西廂》卷二【正宮·文序子纏】:「劫財物，奪妻女，不能掙揣。」

《薛仁貴》二【浪裏來煞】:「我只見痲繩背綁，教他難掙閩，著誰來把孩兒耽待？」

《黃粱夢》二【後庭花】:「痛哀哉，身遭殘害，他如何敢闒閩？」

《還牢末》四【耍孩兒】:「你將咱做死的般相看待，怎知道還能闒閩？」

《倩女離魂》三【普天樂】白:「孩兒，你掙挫些兒！」

《詞林摘艷》卷八無名氏【一枝花·八位中紫授臣】:「你若是微間掙側，登時間粉碎了我尸骸。」

掙揣，謂用力支撐或擺脫。或作掙閩、闒閩、掙挫、掙側。或又作掙作，如《牡丹亭·婚走》:「姑姑俺強掙作。」音亦近，義並同。或簡作掙（zhèng），見「掙」字條（六）。

（三）

《董西廂》卷二【正宮·文序子】:「奈何使刀的人困馬乏，欲待掙揣些英雄，不如赴撒。」

「掙揣」在這裏是顯耀之意，與（二）義近。這句是說賊將想顯耀些英雄氣概，無奈人困馬乏，不如走掉。

（四）

《虎頭牌》三【太平令】:「〔老千户云：〕你再過去勸一勸。〔狗兒云：〕老弟子孩兒，你自掙揣去！」

「掙揣」在這裏意猶央求。劇意是說老千戶因醉酒失掉夾山口子，要受懲處，他請元帥的得意侍者代他求情免罪，未能如願，故對老千戶說：你自己央求去吧。

（五）

《西廂記》三本四折【煞尾】：「〔紅云：〕你掙揣咱，〔唱：〕來時節肯不肯盡由他，見時節親不親在於您。」

這裏的「掙挫」是勇敢之意，與（一）義相近。紅娘給張生出主意，在鶯鶯來時要主動勇敢地表示愛情。

帪

幀　幀　㥹

《兩世姻緣》二【柳葉兒】：「將一片志誠心寫入了冰綃帪。」

同劇四【得勝令】：「那裏是寄心事丹青帪？則是個等身圖煙月牌。」

《梧桐雨》一【醉中天】：「供養著鵲橋會丹青幀。」

《藍采和》一【天下樂】白：「王把色，你把旗牌、帳額、神㥹、靠背，都與我掛了者。」

《雍熙樂府》卷六散套【粉蝶兒・慳吝】：「丹青幀上新鮮味。」

同書卷十七【風流外傳】：「撇末中靠背是菩薩幀。」

《盛世新聲》【鴈兒落帶得勝令】：「他仕女叢中立，堪丹青㥹。」

帪（zhèng）、幀、幀、㥹，同音字通用，均指畫幅，今謂一幅曰一幀，通作幀。幀亦可用爲動詞。《廣韻》引《文字指歸》曰：「幀，開張畫繪也。」《牡丹亭・寫眞》：「春香，幀起來，可廝像也？」是其例。按：帪、㥹，均不見字書，乃古之俗體。《元曲選》音釋：「幀，爭去聲。」

證候

症候

《竇娥冤》二【鬬蝦蟆】：「可是風寒暑濕，或是饑飽勞役，各人證候自知。」

《硃砂擔》二【牧羊關】：「正待要展開腳忙移步，百忙裏腿轉筋甚腌證候？」

《來生債》楔、白：「孝先！你所得的這病，可是甚麼證候？」

《東堂老》楔、白：「父親的症候，您孩兒待說不知來，可怎麼不知？待說知道來，可又忖量不定。」

證候，謂症候、病狀，指患病時出現的互有聯系的若干症狀，醫生可據以作診斷的依據。《列子・周穆王》：「過陳，遇老聃，因告其子之證。」梁・陶宏景《肘後方序》：「其論諸病證候，因藥變通，而病是大治。」證，俗作症。

支分

《救風塵》三【倘秀才】：「怎禁他使數的到支分，背地裏暗忍。」

《調風月》一【那吒令】：「使的人無淹潤，百般支分。」

《燕青博魚》四【雙調新水令】白：「哥也，我支分與你趓那廝咱。」

《救孝子》二【三煞】：「若是初檢時不曾審問，怕只怕那再檢日怎支分？」

《氣英布》四【出隊子】：「俺這裏先鋒部隊，會支分能對付。」

《兩世姻緣》一【醉中天】：「要茶飯揀口兒支分，要衣服換套兒穿。」

《連環計》三【叨叨令】：「我推箇支分厨下，離了筵上。」

《詞林摘艷》卷九無名氏散套【醉花陰・楚漢爭鋒競寰宇】：「俺這裏先鋒英布，會支分能擺布。」

支分，謂支使、分派、應付。白居易《花前有感，兼呈崔相公、劉郎中》詩：「四時輪轉春常在，百刻支分夜苦長。」話本《宣和遺事》亨集：「又沒支分，猶然遞滯，打篤磨槎來根底。」《今古奇觀・宋金郎團圓破氈笠》：「陳三郎正在店中支分鋸匠解木。」《古今小說・閒雲菴阮三償冤債》：「尼姑支分完了，來陪夫人、小姐前後行走，觀看了一回，纔回到軒中吃齋。」皆其例。

亦有作支付解者，如湯顯祖《牡丹亭・淮泊》：「一路上賺騙無多，逐日裏支分有盡」。

支吾

枝吾

支吾一詞在元曲中用法很多，撮其要有四，意均相近：一、謂應付；二、謂抗拒、抵擋或支持；三、謂搪塞、敷衍或辯駁；四、謂遮蓋、遮攔。

（一）

《玉鏡臺》四【掛玉鉤】：「且等他急個多時，慢慢的再做支吾。」

《梧桐雨》二【啄木兒尾】：「端詳了你上馬嬌，怎支吾蜀道難！」

《灰闌記》二【逍遙樂】：「你道是經官發落，怎的支吾這場棒拷？」

宋元戲文輯佚《鄭空目風雪酷寒亭》【前腔】：「聽復取，凡事尚雛，恐一差二誤怎支吾。」

《太平樂府》卷五查德卿小令【一半兒・春醉】：「粉郎前一半兒支吾，一半兒軟。」

上舉「支吾」，謂應付，其中二、三兩例亦可解作捱得或忍受。《水滸》第九回：「你便只說你一路有病，未曾痊可，我自來與你支吾」，亦其例。

（二）

《董西廂》卷八【雙調・文如錦】：「若非君瑞以書求救，怎地支吾？」

上例意爲抗拒、抵擋或支持。《舊五代史・孟知祥傳》：「知祥慮唐軍驟至，與遂、閬兵合，則勢不可支吾。」宋・楊萬里《中秋》詩：「愛他月色強支吾。」朱熹《與留丞相箚子》：「精神氣血，衰竭殆盡，無復筋力可以支吾。」《宣和遺事》利集：「孝純罵曰：『金人渝盟，大王宜會諸路將士，竭力支吾。」《水滸》第七十回：「吳用便催大小頭領連夜打城，太守獨自一個，怎生支吾得住。」皆其例。或作枝梧，如《史記・項羽本紀》：「諸將皆慴（zhe）服，莫敢枝梧。」如淳注曰：「梧音吾。枝梧猶枝捍也。」陸游《老學庵筆記》卷二：「朝廷課以爲殿最，往往竭州郡之力，僅能枝梧。」或作搘捂，如《新唐書・南詔傳上》：「常以石搘捂。」義並同。

（三）

《哭存孝》二【尾聲】白：「我看你李克用怎的支吾。」

《後庭花》二【賀新郎】：「哥哥你有甚事，誰敢道是支吾，教把誰所伏便所伏。」

《魔合羅》四【紅繡鞋】：「你恰才支吾到數次十回，又惹場六問三推。聽了你一篇話，全無半星實？我跟前怎過得？」

《灰闌記》一【寄生草】:「他道我會支吾對面舌頭強。」

《殺狗勸夫》三【煞尾】:「胡支吾,假奉承。」

《博望燒屯》二【菩薩梁州】:「你若是拏不住,怎的支吾?」

《抱粧盒》四【堯民歌】:「急的俺忐忐忑忑把花言巧語謾支吾。」

用含混的話搪塞、敷衍或辯駁,叫做支吾。《京本通俗小說・錯斬崔寧》:「胡說!世間不信有這等巧事,⋯⋯這分明是支吾的說話了。」又同書《馮玉梅團圓》:「承信言語支吾,似有羞愧之色。」皆其例。現在口語仍沿用。如魯迅《且介亭雜文・難行和不信》:「如果你無端的問他多少年紀,什麼意見,兄弟幾個,家景如何,他總是支吾一通之後,躲了開去。」此處所用「支吾」,亦搪塞、敷衍之意。

(四)

《牆頭馬上》三【豆葉兒】:「相公把拄杖掂詳,院公把掃箒支吾,孩兒把衣袂掀者。」

《樂府群珠》卷四汭東漁父小令【朱履曲・雨中】:「會蹭蹬樵夫前路,解淹留遊乎歸途,三春花柳半枝吾。」

支吾,謂遮蓋、遮攔。徐渭《南詞敘錄》:「支吾,一作枝梧,猶言遮攔也。」

支殺

支煞　支沙

《還牢末》二【後庭花】:「把僧住支殺的拖將去,連賽娘合撲的帶了一交。」

《舉案齊眉》三【紫花兒序】:「喫了幾根兒哽支殺黃虀。」

《玉鏡臺》四【折桂令】:「軟兀剌走向前來,惡支煞倒退回去。」

《黃粱夢》二【幺篇】:「惡支沙將這等罪名揣。」

支殺,或作支煞、支沙,用作副詞或助詞,無義。殺、煞、沙同音通用。明・周朝俊《紅梅記・姿宴》:「忙刺(刺)煞番兵騷動,把襄陽一旦空。」按刺煞,應作刺煞,猶支煞。

支揖

祗揖　拜揖　做揖　作揖

《東堂老》三：「〔做見賣茶的科，云：〕賣茶的，支揖哩！」

《兒女團圓》楔：「〔正末見搽旦施禮科，云：〕呀！早辰間不曾見嫂嫂，嫂嫂祗揖。」

《魔合羅》一【金盞花】：「〔正末做掤過揖云：〕老的，祗揖。」

《望江亭》一【元和令】：「〔白士中見旦科，云：〕祗揖！」

《西廂記》一本二折【四邊靜】：「〔末迎紅娘祗揖科：〕小娘子拜揖！」

《竹葉舟》楔：「〔做揖科，云：〕小師父恕罪，煩報你惠安長老，道有故人陳季卿特來相訪。」

《秋胡戲妻》三【普天樂】：「〔秋胡做揖科，云：〕小娘子，支揖。」

《鐵拐李》一、白：「我好意與你作揖，你倒罵我，和俺妳妳說去。」

兩手抱拳，先高拱，後向下，謂之支揖；是舊時對人敬禮的一種儀式。又作祗揖、拜揖、做（作）揖，義並同。支、祗同音，做（作）讀平聲。或有把祗寫作祇的，誤。徐灝《說文解字注箋》曰：「唐人作祗從衣，或作秖從禾，皆可爲典要者。」此語唐已見之，如敦煌變文《唐太宗入冥記》：「崔子玉覓官心切，便索絺（紙）祗揖（揖）皇帝了。」

支當

《董西廂》卷五【中呂調・古輪臺】：「都因我一箇，而今也怎支當？」

《灰闌記》一【油葫蘆】：「自喪了親爺撇下個娘，偏你敢不姓張，怎教咱辱門敗户的妹子去支當？」

支當，謂支持、承當。《三國志演義》第九十七回：「某願引一軍接應姜維，如成，功盡歸都督，倘有奸計，某自支當」，亦其例。

支對

《董西廂》卷六【中呂調・尾】：「思量又不當口兒穩。如還抵死的著言支對，教你手托著東牆，我直打到肯。」

《竇娥冤》二【牧羊關】：「不是妾訟庭上胡支對，大人也，卻教我平白地說甚的？」

《虎頭牌》三【沽美酒】：「則見他㥿㦃㦃的做樣勢，笑吟吟的強支對。」

《李逵負荊》三【么篇】白：「既然認的不是，智深兄弟，我們先回山去，等鐵牛自來支對。」

《魔合羅》四【道和】：「難支吾，難支對，難分說，難分細。」

《范張雞黍》一、白：「若問起孔仲山的萬言策呵，我可怎生支對？」

《凍蘇秦》二【滾繡毬】：「這壁箱拜了一會，那壁廂問了一日，可怎生無一箇將咱支對。」

《馬陵道》一【金盞兒】：「我待不說呵，怎生支對主人公？待說呵，我和他書窗最密，怎宦路不相容？」

《合同文字》四【鴈兒落】：「穩放著後堯婆在一壁，急的那李社長難支對。」

支對，謂答對。《七春秋平話》卷中：「齊王唯唯，無言支對。」《三國志平話》卷中：「一句禁得蔣幹無言支對。」皆其例也。支對，一作祇對，音義同上，如敦煌變文《維摩詰經菩薩品變文甲》：「問我新從何處來，聽取老夫細祇對。」引申其義爲對付，如二刻《拍案驚奇・青樓市探人蹤，紅花場假鬼鬧》：「那邊大房做官的虎視眈眈，須要小心祇對他。」「祇對他」，謂對付他也。按：支、祇同音通用。

支劃

《金鳳釵》三【梁州】：「情知這範丹怎放來生債，利又不見，本又不在，乾與別人救禍災，好教我無語支劃！」

《黃粱夢》二【么篇】：「大人見義爲，夫人知過改，不是中間老漢廝支劃；若是外人知道來，休恁的大驚小怪，醜名兒出去怎生揩？」

《薛仁貴》二【浪裏來煞】：「眼睜睜的要殺壞，空教我心勞意攘怎支劃？」

《漁樵記》二【醉太平】：「卓文君你將那書桌兒便快擡，馬相如我看你怎的把他去支劃？」

《射柳捶丸》三【禿廝兒】：「我看你怎生捱，可便支劃？」

支劃（zhī huái），有安排、擺佈等義，通作刉劃。可與「刉（bāi）劃」條互參。《元曲選》音釋：「劃，胡乖切。」

支轉

支

《竇娥冤》二【隔尾】白：「只說少些鹽醋，支轉小婦人，闇地傾下毒藥。」

《救孝子》三【紅繡鞋】白：「左來右來，不肯招。我支轉這婆子，那小廝好歹招了。」

《劉弘嫁婢》楔：「〔李遜云：〕春郎，你看你母親熬粥湯去。〔春郎云：〕理會的。〔下〕〔李遜云：〕我爲甚支轉他子母二人？……」

《看錢奴》四【紫兒花序】白：「這兩個老的就來教化酒喫，被我支他對門討藥去了。」

借故把人打發走，叫做支轉。或簡作支，義同。現在還樣說，如云：「把他們都支出去。」

枝頭乾

《百花亭》三【掛金索】：「枝頭乾流傳，可口眞佳味。」

枝頭乾，一種水菓名。宋・孟元老《東京夢華錄》卷二「飲食果子」條，載有「林檎乾、枝頭乾、芭蕉乾」。宋・葉夢得《石林燕語》卷五：「宋元祐時，館職論資進用，皆有滯留之嘆。一日，張文潛、晁無咎閱朝報，見蘇子由自中書舍人除戶部侍郎，無咎意以爲平緩，曰：『子由此除不離核』，謂如果之粘核者。文潛遽曰：『豈不勝汝乾頭枝乎？』聞者皆大笑。東北有果如李，每熟不得摘，輒使枯，土人因取藏之，謂枝頭乾，故云。」

知客

《董西廂》卷一【仙呂調・尾】白：「入寺來謁，知客令一行童引隨喜，陡然頓豁塵俗之性。」

《西遊記》一本三齣、白：「昨日伽藍相報，有西天毗盧伽尊者，今日早至，分付知客侍者，撞鐘焚香迎接者！」

佛教稱專門接待賓客的和尚爲知客，猶言典客、典賓。唐・懷海《敕修百丈清規》四：「知客，職典賓客，凡官員、檀越、尊宿諸方名德之士相過者，香茶迎待，隨令行者通報方丈，然後引上相見，仍照管安下去處。」《禪林寶訓音義》：「知典賓客，緇白相遇，應對迎請，務令整齊。」上面所舉的曲例，均屬此義。

又，舊時在婚喪喜慶時專管招待賓客的人，也叫知客，或稱知賓。

知重

《救風塵》一、【元和令】白：「則爲他知重您妹子，因此要嫁他。」

《望江亭》一【元和令】白：「若有似俺男兒知重我的，便嫁他去也罷。」

《西廂記》二本四折【絡絲娘】：「一字字更長漏永，一聲聲衣寬帶鬆，別恨離愁，變成一弄。張生呵，越叫人知重。」

《桃花女》四【雙調新水令】：「不由我忿氣沖沖，謝得公婆家將俺來厮知重。」

《博望燒屯》四【堯民歌】：「則俺這劉玄德堪知重。」

《藍采和》二【南呂一枝花】：「衆弟兄既來知重我，卻不要散了，喒慢慢的吃酒。」

知，謂了解、交好；重，謂尊重。合言之，知重，即敬重、尊重之意。《長生殿・倖恩》：「休調哄，九城春色偏知重」，亦其例。

知會

知會，意爲通知或知道。

（一）

《降桑椹》三、白：「吾神往山林中知會眾神，走一遭去。」

《西遊記》一本一齣、白：「知會已去了，不敢遲留。」

知會，猶言通知、照會。《清平山堂話本・戒指兒記》：「遇上元宵夜，知會幾個弟兄來家，笙簫彈唱，歌笑賞燈。」《桃花扇・截磯》：「今日船泊九江，早已知會督撫袁繼咸，齊集湖口，共商入京之計。」《紅樓夢》第十七回：「賈珍先去園中，知會眾人。」以上皆其例。清・翟灝《通俗編・政治・知會》：「《通雅》：唐武后甲申轉帖百官令拜表，百官但赴拜，不知何事，此蓋若今之都吏，送知會部堂堂帖，使司官知之。」

知會，或作支會，例如：《古今小說・汪信之一死救全家》：「又支會平江一路，用兵邀截，以防走逸。」《警世通言・蘇知縣羅衫再合》：「即刻行了文書，支會山東巡撫，著落王尚書身上要強盜徐能、徐用等。」按：支爲知的同音假借字。

（二）

《望江亭》二【普天樂】白：「這個是家中老院公，奉我老母之命，稍（捎）此書來，著我知會。」

《延安府》三、白：「若勘問成了，即便申文書老夫知會。」

以上「知會」，意爲知道、了解。《七國春秋平話》卷下：「吾布一陣，你若知會，俺便降你。」《三國志平話》卷下：「當時知會龐公計，免得一心要跳樓。」戲文《張協狀元》三十：「阿公也恁歡喜，阿婆也恁歡喜，我阿兒歸報與娘行知會。」以上「知會」各例，並與劇意同。

知賺

智賺　啜賺　賺啜

《哭存孝》三【耍孩兒】白：「知賺的推在法場，暗送了七尺身軀。」

《生金閣》四【沽美酒】：「略使些小見識，智賺出殺人賊。」

《伍員吹簫》一【天下樂】白：「奉父親的言語，著我智賺伍員去。」

《西廂記》五本一折【浪裏來煞】：「臨行時啜賺人的巧舌頭，指歸期約定九月九，不覺的過了小春時候。」

同劇五本四折【得勝令】:「他不識親疏，啜賺良人婦。」

《雍熙樂府》卷十散套【一枝花・春思】:「把被窩裏賺啜。」

知，古智字。知賺，亦作啜賺，哄騙之意。清・吳家桂《洗冤集錄・降頒新例》:「州縣司吏，通行捏合虛套元告詞，因啜賺元告絕詞文狀。」亦其例。啜賺，倒作賺啜。宋人王明清《揮塵後錄》卷三又作脫賺，如云:「又況數年間行鹽鈔法，朝行夕改，昔是今非，以此脫賺客旅財物」。《古今小說》又作掇賺，如第二十一卷《臨安里錢婆留發跡》:「錢鏐已知劉漢宏掇賺之計，便將計就計。」按：智賺、啜賺、脫賺、掇賺等，音近義並同。

知識

智識

知識，一作智識：一、意指朋友；二、謂智勇之士；三、謂才智見識；四、謂計謀、辦法。

（一）

《氣英布》二【哭皇天】:「若不看你少年知識，往日交遊，只消㗂佩中劍支楞支楞的響一聲，折末你能言巧辯，早做了離鄉背井。」

知識，意爲知覺識別；元劇各例，均從此義派生而來。（一）義爲相知、相識、親友。《管子・入國》:「不能自生者，屬之其鄉黨知識故人。」東漢・孔融《答盛孝章書》:「海內知識，零落殆盡。」唐・韓愈《贈別元十八協律》:「知識久去眼，吾行其既遠。」白居易《感逝寄遠》詩:「昨日聞甲死，今朝聞乙死，知識三分中，二分化爲鬼。」陸龜蒙《雨中遊包山精舍》詩:「此時空寂心，可以遺智識。」敦煌變文《董永變文》:「爲緣多生無姊妹，亦無知識及親房。」宋・吳處厚《青箱雜記》:「然則青之智識，亦公之智識也。」以上知識、智識義並同。佛家亦謂知識爲朋友的異稱，《法華文句》云:「聞名爲知，見形爲識。」

（二）

《風雲會》楔、白:「近奉聖旨，招募智勇之士，量才授職。……兄弟，但有知識，當爲國引進咱。」

這裏的「知識」，上與「智勇之士」相對應，顯然是指智勇之士，不是一般的交遊朋友，因爲朋友未必是智勇之士，而智勇之士也未必是交往的朋友。

（三）

《伊尹耕莘》三【倘秀才】白：「因賢士超越今古，智識高明，特賜象簡紫衣。」

智識，在這裏謂才智見識。

（四）

《隔江鬬智》二【耍孩兒】白：「我只笑那周瑜好癡也，你自家沒智識索取荊州，卻將我送到這裏。」

《百花亭》三【後庭花】：「生這般窮智識，做這般賊所爲，粧這般喬樣式。」

上舉「智識」，謂計謀、辦法。

祗候

祗候人　祗候公人

祗候：一、謂衙役或僕役；二、指承應官府、伺候賓客；三、爲恭候之意；四、指妓女。

（一）

《西廂記》五本四折【落梅風】白：「那廝若不去呵，祗候拿下！」

《陳州糶米》楔：〔冲末扮范學士，領祗候上。〕

《凍蘇秦》三【幺篇】：「他是箇祗候人的所爲，可有那孟嘗君的這度量。」

《哭存孝》二【牧羊關】：「你常好是莽撞也祗候人。」

《殺狗勸夫》四【醉春風】白：「今日陞廳坐早衙，祗候人那裏，與我喝攛箱者！」

《爭報恩》二【二煞】：「他將我那一雙兒女拖將去，苦被那祗候公人把我拽過來。」

祗候，或作祗候人、祗候公人，宋代武官名。《宋史・職志六》：「東上閤門、西上閤門使各三人，……祗候十有二人。」宋・邵伯溫《邵氏聞見錄》卷三：「富公進司徒，紹京除閤門祗候。」元代各省、路、州、縣都設有祗候若干名，是比較高級的衙役，專供傳差和伺應，如一至五例是。後來貴族、官僚家庭的僕役頭子，也稱做祗侯或祗候人，如例六。話本《雪川蕭琛貶霸王》:「此時即將帶祗候十數人，船中自備酒肴」，亦其例。

（二）

《謝天香》一【賺煞】:「我這府裏祗候幾曾閒，差撥無銓次，從今後無倒斷嗟呀怨咨。」

同劇二【南呂一枝花】:「往常時喚官身可早眉黛舒，今日箇叫祗候喉嚨響。」

同劇四【哨徧】:「諕的我難收救，只得向公廳祗候；不問我舞旋，只著我歌謳。」

《紫雲庭》三【二】:「這一件又得歇心，此一樁又得解脫，暫不見那官身祗候閑差撥。」

上例「祗候」與「官身」對舉，又指出祗候所爲是舞旋和歌謳，可知祗候在這裏是承應官府、伺候賓客之意。又《謝天香》二【賀新郎】:「量妾身本開封府堦下承應輩」句，亦可爲證，承應，即祗候意也。

（三）

《張協狀元》戲文:「不敢直入畫堂，只在廳下祗候。」

祗，敬也，祗候，爲恭迎、敬候之意。《魏書・劉休傳賓》:「（尹）文達詣（慕容）白曜，詐言『聞王臨境，故來祗候。』唐・白居易《令狐尙書許過弊居，先贈長句》:「祗候高情無別物，蒼苔石戾白花蓮。」唐・范攄《雲溪友議》卷中「辭雍氏」條:「端端祗候三郎、六郎，伏望哀之。」明・湯顯祖《牡丹亭・歡撓》:「多應他祗候著我」。明・孟稱舜雜劇《花前一笑》一、白:「我和你艤（yǐ）舟，往那廂祗候著。」皆其例。

（四）

《謝天香》四【醉春風】:「雖不是宅院裏夫人，也是那大人家姬妾，強似那上廳的祗候。」

此「祗候」，謂妓女，與（二）義同；不過一作動詞、一作名詞，略有不同而已。漢語語法中，動、名詞互變之例極爲普遍，此蓋其中一例耳。

又，從嫁的婢妾，亦稱祗候人。宋・莊綽《雞肋篇》卷下:「古所謂媵妾者，今世俗西北名曰祗候人，或云左右人。」此亦近（二）義。

祗從

《王粲登樓》四：「〔蔡相引祗從人上，云：〕……」

《灰闌記》二【梧葉兒】：「狼虎般排著祗從，神鬼般設著六曹。」

《延安府》二【尾聲】白：「他若不與你呵，你可著你那祗從團臍將上來。」

《射柳捶丸》一、白：「祗從人來報，有范天章學士有請。」

祗從，謂隨從執役的人，多指官府衙役或官紳家的聽差。明・王驥德《曲律》謂：「從人曰祗從」，是也。杜甫《過宋員外之問舊莊》詩：「枉道祗從入，吟詩許更過。」義同曲例。《晉書・劉聰載記》：「此國家之事，孤敢不祗從？」此「祗從」，謂聽從也，則與曲例之意有別。

祗園

《西遊記》二本五齣、白：「祗園請得金經至，方報皇恩萬萬千。」

同劇三本十齣【罵玉郎】：「俺這裏難爲卓錫居，怎做得香積厨，不是你那祗園地。」

同劇六本二十一齣【煞尾】：「渾金塔接青雲，七寶殿生紅暈，盡都是金祗園的善根。」

祗園，亦名祗樹園、祗陀園，是祗樹給孤獨園的略稱。又作祗桓。《釋要》云：「祗桓者，梵語也。若作方言釋者，應法師曰：桓即林也，即祗陀太子林也。以古桓字與園字同用也。」按：祗園，即漢語通稱之寺院也。據《西遊記》第九十三回說：「這寺原是舍衛國給孤獨園寺，又名祗園。因是給孤長者請佛講經，金磚布地，又易今名（即布金寺）。」祗園或又作秖園，如元本《琵琶記》三十三、白：「比丘僧戒行清潔，似秖園千二百五十人俱。」

直裰

直掇

《董西廂》卷二【雙調・文如錦】：「幾箇髡頭的行者，著鐵裀直裰。」

《西遊記》三本十齣【幺】白：「我與你一箇法名是孫悟空，與你箇鐵戒箍、皂直裰、戒刀。鐵戒箍戒你凡性，皂直裰遮你獸身，戒刀豁你之恩愛。好生跟師父去，便喚作孫行者。」

《忍字記》二【烏夜啼】:「那裏有皂直掇披上錦袈裟,那裏也金刀兒削了青絲髮?」

《東坡夢》一【後庭花】白:「把我褊衫都當沒了,至今穿著皂直掇哩!」

直裰(zhí duó),或作直掇,本古代士大夫閒居時的便服。宋・郭思《畫論》:「晉處士馮翼,衣布大袖,緣以皂,下加襴,前繫二長帶,隋、唐朝野服之,謂之馮翼之衣,今呼爲直掇。」林逋《寄李山人》詩:「身上祇衣粗直掇。」蘇軾《孔平仲惠蕉布》詩:「更得雙蕉縫直掇,都人渾作道人看。」明・王世貞《觚不觚錄》:「腰中間斷以一綫道横之,謂之『程子衣』;無綫道者則謂之道袍,又曰直掇,此燕居之所常用也。」據《勅修清規》云:「相傳前輩見僧有偏衫而無裙,有裙而無偏衫,遂合二衣爲『直綴』。」直綴即直掇也。據上所引,可見直掇本古代士大夫的便服,到後來方專指僧、道所穿的道袍。

直留支剌

只留支剌

《神奴兒》一【鵲踏枝】:「丈夫的失尊卑,媳婦兒不賢慧,他兩箇一上一下,直留支剌唱叫揚疾。」

《爭報恩》三【調笑令】:「那妮子一尺水翻騰做一丈波,怎當他只留支剌信口開河。」

直留支剌,或作只留支剌,狀口角潑辣、吵鬧之詞。

直釣(鉤)缺丁

《黑旋風》一【哨篇】:「若有人將哥哥廝欺負,我和他兩白日便見那簸箕星;則我這兩條臂攔關扶碑,則我這兩隻手可敢便直釣(鉤)缺丁。」

直釣(鉤)缺丁,形容力氣大,謂能使鉤直,使釘折。按:釣爲鉤之脫筆字;丁通釘;缺,折也。《說文・五下・缶部》:「缺,器破也。從缶,決省聲。傾雪切。」這裏引申爲折,使釘折,即破意也。陸澹安謂「缺借作曲」(見《戲曲詞語匯釋》),意亦是,惟不詳何所據。

執料

直料

《竇娥冤》楔【仙呂賞花時】白：「你不要啼哭，跟著老身前後執料去來。」

《救風塵》一、白：「大姐，你在家執料，我去請那一輩兒老姊妹去來。」

《爭報恩》楔、白：「丁都管，相公去了也，你前後執料，我臥房裏收拾去咱。」

同劇一【油葫蘆】白：「您孩兒前後執料去，拏住這廝，正是個賊。」

《延安府》一、白：「老的也，你去前後執料的停當者，我與媳婦兒先去，你隨後便來也。」

《村樂堂》二【梧桐樹】白：「我在這裏直料來，有甚賊麼？」

執料，猶照料、料理。又作直料。按：執、照、直，皆一音之轉。

或作準備、安排講，如《薦福碑》一【醉扶歸】白：「老相公請坐，我執料些茶飯去。」執料茶飯，謂準備茶飯也；實爲照管之引申義。

執袋

織袋

《東窗事犯》二【中呂粉蝶兒】：「髯髩著短頭髮，胯（挎）著個破執袋。」

《金安壽》三【梧葉兒】：「一隻手揪著執袋，一雙手搭住道服。」

《盛世新聲》【雙調新水令·碧天邊一朵瑞雲飄】：「一箇箇草履蔴袍，丫髻環絛，執袋椰瓢。」

《翫江亭》二【清江引】白：「打漁鼓，摑簡子，挽鬔髻，懸織袋。」

執袋，上舉曲例，是專指僧、道使用的布袋。但也指作別用的袋子，如《前漢書平話》上：「我管營中，統領上駟軍一十萬，盡用全副執袋，四面而埋伏。」明·胡侍《珍珠船》卷一：「唐太平公主愛《樂毅論》，則天與以織袋，盛置箱中。」皆是。執、織同音通用。

執柯人

《李逵負荊》四【離亭宴煞】:「我也則要洗清你這強打掙的執柯人。」

執柯人，指媒人。《詩・豳風・伐柯》:「伐柯伐柯，匪斧不克；娶妻如何，匪媒不得。」故後世稱嫁娶之間的媒人爲伐柯人或執柯人。元・羅燁《醉翁談錄》卷一「靜女私通陳彥臣」條:「鄰居有陳彥臣，亦業儒，有執柯者，而母堅不許。」亦其例。或作執伐，如元本《琵琶記》十一【醉太平】:「人都道做媒的執伐。」

只當

直當

《竇娥冤》楔【仙呂賞花時】白:「媳婦兒，你在我家，我是親婆，你是親媳婦，只當自家骨肉一般。」

《灰闌記》一【天下樂】白:「那知道你家妹子，這般箇狠人，放著許多衣服頭面，一些兒不肯與你，只當剮他身上的肉一般。」

《百花亭》二、白:「小生不幸，學的聰明，致令半生浮浪，一世飄蓬，只當墜下活地獄一般。」

《遇上皇》一【鵲踏枝】白:「糟驢馬！糟畜生！糟狗骨頭！久後直當糟殺了。別人吃也有箇時候，你沒有早晚。父親不要和他干罷，你著他斷了酒者！」

《虎頭牌》三【步步嬌】白:「直當撲了臉，叔叔，你有什麼幻當？」

《樂府群珠》卷二、汭東漁父【南呂小令・丁卯即事】:「蕙成茅，直當草。」

只當，一作直當，元人口語，意謂就像、就算。現在口語還這樣說；當，念去聲。晉・葛洪《抱朴子內篇・金丹》:「直當悉意於無窮之異耳。」可知晉語已然。

指斥鑾輿

指尺鸞轝　鸞輿咫尺

《玉鏡臺》四【豆葉黃】:「你在黑閣落裏欺你男兒，今日呵可不道指斥鑾輿，也有禁住你限時，降了你乖處。」

《謝金吾》四【折桂令】:「那廝不識親疎，不辨賢愚，一剗的殘害忠良，抵多少指斥鑾輿！」

《詞林摘艷》卷十無名氏散套【鬬鵪鶉・操一曲流水高山】:「仗年尊指尺鸞轝，倚功勞敢喝金吾。」

《周公攝政》三【金蕉葉】:「莫不誰把賢門閉塞？爲甚把鸞輿咫尺？」

指斥，指名斥責也。鑾輿，謂皇帝的車駕，即代稱皇帝。指斥鑾輿，就是議論皇帝的是非。在封建時代，皇帝有過，是不准非議的，故《唐律・職制》云:「指斥乘輿，情理切害者斬，非切害者徒二年。」《冊府元龜》卷六一二「刑法部」云:「元和十二年七月己酉，勑:……如是本犯十惡五逆及指斥鑾輿，妖言不順，假托休咎……者，宜具事申奏聞。……」《元史・刑法志一》載「十惡」十罪條中，把「指斥乘輿，情理切害」列爲「大不敬」。

按:指尺、咫尺，都是指斥的同音借用字；鸞，通鑾，皇帝車駕所用的鈴；轝，同輿。乘輿，同鑾輿。

紙馬

《老生兒》三、白:「我往紙馬鋪門首唱了個肥喏，討了這些紙錢。」

《凞玉蘭》二、白:「只等那船頭上燒了利市紙馬，分些神福，吃得醉飽了，便撑動篙來，開起船來。」

《小張屠》楔、白:「我不合將人上了神靈的紙馬，又將來賣與別人還願。」

一種畫有神像的紙，叫做紙馬，舊時祭神用的。清・王棠《知新錄》:「唐明皇瀆於鬼神，王璵以紙爲幣，用紙馬以祀鬼神。」趙翼《陔餘叢考・紙馬》:「《天香樓偶得》云:俗於紙上畫神像，塗以彩色，祭賽既畢則焚化，謂之甲馬，以此紙爲神所憑依似乎馬也。然《蚓菴瑣語》云:世俗祭祀，必焚紙錢甲馬，有穹窿山施煉師，攝召溫帥下降，臨去索馬，連燒數紙不退。師云:獻馬已多。帥判云:馬足有疾，不中乘騎。因取未化者視之，模板折壞，馬足斷而不連，乃以筆續之，師遂退。然則昔時畫神像於紙，皆有馬以爲乘騎之用，故曰紙馬也。」舊時有專售此類冥器的商店曰紙馬店。

紙錢

《蝴蝶夢》四、白：「我叫化了些紙錢，將著柴火燒埋孩兒去呵。」

《薦福碑》楔、白：「今日無甚事，黄員外宅上走一遭去。哦！可怎生門首掛著紙錢那！」

《西廂記》一本二折【朝天子】白：「小生湖海飄零數年，自父母下世之後，並不曾有一陌紙錢相報。」

《盆兒鬼》四【小梁州】白：「我燒了一陌兒紙錢，你看好陣冷風也！」

《太平樂府》卷九睢玄明散套【耍孩兒・詠鼓】：「開山時掛些紙錢。」

《樂府群珠》卷二失註【南呂小令・送別】「紙錢灰裏劃同心，花影兒成連理。」

舊俗，祭祀時燒化給鬼神用的紙錠之類曰紙錢。《新唐書・王璵傳》：「漢以來葬喪皆有瘞錢，後世里俗稍以紙寓錢爲鬼事。」宋・戴埴《鼠璞》：「紙錢起於殷長史，南齊東昏侯翦紙爲錢，以代束帛。」唐・封演《封氏聞見記・紙錢》：「紙錢，今代送葬爲鑿紙錢，積錢爲山，盛加雕飾，舁以引柩，按古者享祀鬼神，有圭璧幣帛，事畢則埋之。後代既寶錢貨，遂以錢送死。《漢書》稱，盜發孝文園瘞錢，是也。率易從簡，更用紙錢，紙乃後漢蔡倫所造，其紙錢魏晉以來始有其事，今自王公逮於匹庶，通行之矣。凡鬼神之物，其象似亦猶塗車芻靈之類。古埋帛，今紙錢則皆燒之，所以示不知神之所爲也。」清・趙翼《陔餘叢考・紙錢》：「歐陽公謂五代禮廢，寒食野祭而焚紙錢，以爲紙錢自五代始，其事非起於五代也。《漢書・張湯傳》：」有人盜發孝文園瘞錢。如淳曰：埋錢於園陵以送死也。《南史》：吳苞將終，謂其弟子曰：吾今夕當死，壺中大錢一斤，以通九泉之路。是漢及六朝，固皆用實錢。然《漢書・郊祀志》：「令祠進五畤牢具，皆以木寓馬代駒，及諸名山川用駒者，皆以木寓馬代，則祭祀用牲，已有以木象形者，特未用於錢耳。《事林廣記》及《困學紀聞》，皆謂漢以來有瘞錢，後俚俗稍以紙寓錢，而不言起自何代。《唐臨・冥報錄》、《會三異同話錄》謂：唐以來始有之，名曰寓錢，言其寓形於紙也。《法苑珠林》則謂：起於殷長史。洪慶善《杜詩辨證》則謂：起於濟東昏好鬼神之術，剪紙爲錢，以代束帛。二說雖不同，然《封氏聞見記》謂：紙錢魏晉以來已有之，今日王公至士庶，無不用之。封演，唐德宗時人，去六朝未遠，所見考非無據，則紙錢之起於魏晉無疑也。」這種迷信風俗，一直流傳至全國解放前後。

紙褙子

《金線池》四【太平令】:「想當初羅帳裏般般逞徧，今日個紙褙子又將咱欺騙。」

紙褙子，指訴訟用的狀紙，褙作裱褙解釋。「紙褙子又將咱欺騙」，是說被欺負、被控訴。一說：褙子是官妓所穿的帔（pèi）；紙，別本或作紫，指帔的顏色。「紙褙子又將咱欺騙」，是說借官廳勢力要她不做官妓而去從良。（見一九五八年人民文學出版社《關漢卿戲曲選》注）仍待考。

紙提條

紙題條

《還牢末》二【梧葉兒】:「把衣服扯得似紙提條。」

《薦福碑》二【醉太平】:「我將這第三封扯做紙題條。」

紙提條，即紙條兒。《西廂記》三本一折【上馬嬌】云:「他可敢嗤嗤的扯做了紙條兒。」《倩女離魂》四【竹枝歌】云:「被我都掿掿的扯做紙條兒。」張可久小令【寨兒令】:「嗤，都扯做紙條兒。」三例與上面所舉意同，可證。提，一作題，同音借用。

至誠

志誠

《玉鏡臺》二【菩薩梁州】:「古人親事把閨門禮正，但得人心至誠，也不須禮物豐盈。」

《燕青博魚》三【煞尾】:「怎知他欠本分，少至誠？」

《張生煮海》四【太平令】:「願普天下曠夫怨女，便休教間阻；至誠的，一箇箇皆如所欲。」

《董西廂》卷五【南呂調・一枝花】:「咱家乾志誠，不望他家，恁地孤恩短命！」

《降桑椹》一、白:「專以志誠爲本，所事合著人意。」

誠，謂誠心誠意，老實本分；至誠，誠之至也。《行院聲嗽・人事》:「至誠，牢實。」意亦近。《管子・幼官》:「用利至誠，則敵不校。」《禮・中庸》:「惟天下至誠，爲能盡其性。」又云:「惟天下至誠，爲能經綸天下之大經，立天下之大本，贊天地之化育。」《漢書・楚元王傳》:「其言多痛切，發於至誠。」唐・韓偓《厭花落》:「至誠無語傳心印。」據此，知此語春秋戰國以來已有。

至誠，或作志誠，如上舉《降桑椹》等例；又作致誠，如：明・無名氏《白兔記》四:「這廟官不致誠，請張廟官出來。」明・朱有燉雜劇《小桃紅》一折:「致誠你道是不憑錢贍表得成歡握。」皆是。按:志、致，均「至」字的同音假借。

至公樓

志公樓

《西廂記》五本一折【幺篇】:「從今後晚妝樓改做了至公樓。」

《柳毅傳書》三【商調集賢賓】:「他本望至公樓獨占鰲頭，今日向洞庭湖跳過了龍門。」

《瀟湘雨》一【賺煞】:「你若到至公樓，占了鰲頭，則怕你金榜無名誓不休，莫便要心不應口，早做了背親忘舊。」

《緋衣夢》二【感皇恩】:「不肯盼志公樓；春榜動，剗的等探秋。」

至公樓，古時指考場。宋・洪皓《松漠紀聞》:「試闈用四柱，揭綵其上，目曰至公樓，主人登之以觀試。」明代本此，試院大堂題作「至公堂」。如明・孟稱舜雜劇《英雄成敗》二【油葫蘆】:「詩云子曰都是喬公案，這至公堂也變做了鬼門關。」至公者，毫無偏私之謂也。至，一作志，同音假借。

袨

《西廂記》三本一折【村里迓鼓】:「多管是和衣兒睡起，羅衫上前襟褶袨。」

《貨郎旦》四【四轉】:「病懨懨睡損了裙兒裢。」

《隔江鬭智》一【仙呂點絳唇】:「則我這裙兒裢，掩過腰肢。」

《陽春白雪》前集四商挺小令【潘妃曲】:「口兒裏強推辭怎瞞得唐裙裢?」

《詞林摘艷》卷六無名氏散套【九轉貨郎兒·韓元帥偷劳劫寨】:「病厭厭睡損了裙兒裢。」

裢（zhì），音至，見《集韻》；即衣服上褶疊的縐痕。《字彙補》引《韻學集成》曰:「裢，襞積也。」

智量

志量

《謝天香》二【梁州第七】:「豈知他殢雨殢雲俏智量，剛理會得變理陰陽。」

《風光好》二【梁州第七】:「我自尋思出這個風流俏智量，須要今夜成雙。」

《殺狗勸夫》二【煞尾】白:「我如今不免出一智量，勸員外咱!」

《小尉遲》一【天下樂】:「賣弄你智量高，氣勢雄，你小可如劉黑闥、王世充。」

《楚金仙月夜杜鵑啼》【上馬嬌】:「則見他見識尋，智量搜，推把帶鞋搊。」

《誶范叔》二【黃鍾尾】:「謝恩人肯主張，放咱去入咸陽，仗英雄顯志量。」

《牆頭馬上》一、白:「志量過人，容顏出世。」

智量，指智謀、見識說；志量，指胸襟、抱負說。故以言智量，則曰俏智量、智量搜、出智量；以言志量，則曰顯志量、志量過人。兩者雖相關；而範疇不同，意亦稍別。但也有兼兩解者，如:《古今小說·沈小霞再會出師表》:「只怕你婦人家沒志量打發這兩個差人，累你受苦，於心何安?」

智量一詞，已見於唐變文，如《晏子賦》云:「齊國大臣七十二相，並是聰明志（智）惠，故使向智量之國去。」

擲果

《董西廂》卷一【仙呂調・醉落魄】白：「如潘岳擲果之容。」

《牆頭馬上》二【南呂一枝花】：「則爲畫眉的張敞風流，擲果的潘郎稔色。」

《西廂記》三本二折【三煞】：「我爲頭兒看，看你箇離魂倩女，怎發付擲果的潘安。」

《張天師》二【梁州第七】：「兀的不辱抹殺題橋的才思，擲果的容儀。」

擲果，指晉潘岳擲果的故事。《晉書・潘岳傳》云：「岳美姿儀……少時，嘗挾彈出洛陽道，婦人遇之者，皆連手縈繞，投之以果，遂滿載以歸。」《世說新語・容止》注：「《語林》曰：安仁至美，每行，老嫗以果擲之，滿車。」後來人們就把潘岳作爲美男子的典型。元人高文秀有《五鳳樓潘安擲果》劇，今不傳。或作投果，如李白《送族弟凝之滁求婚》詩：「遙知向前路，投果定盈車。」

中

《後庭花》一【金盞兒】白：「中也不中，我則依著你。」

《西遊記》二【梁州第七】：「〔木叉云：〕從長安來，要回去，沒盤纏，賣這匹馬，〔唐僧云：〕這馬中麼？」

《小孫屠》戲文：「〔淨：〕這睡的是誰？〔旦：〕是丈夫。〔淨：〕怎中？〔旦：〕不妨，醉也。」

《趙禮讓肥》二【倘秀才】：「我遶著這淺水深山尋些個中喫無毒的藥苗。」

《東堂老》三【紅繡鞋】白：「叔叔，您孩兒往常不聽叔叔的教訓，今日受窮，纔知道這錢中使。」

《藍采和》二【賀新郎】：「這言語也不中聽。」

《五侯宴》四【逍遙樂】白：「中說的便說，不中說的休說。」

中，意猶行、成（如一至三例）、堪、（如四至六例）、合、該（如例七）等。此用法唐宋詩中已見，如：羅隱《寄程尊師》：「未知朽敗凡間骨，中授先生指教無？」中授，合授也；楊萬里《白菊》：「霜後黃花頓不中，獨餘白菊鬬霜濃。」頓不中，立刻不行也。作爲堪意用者，更可上推到春秋時代，如《左傳》成公二年：「郤子曰：『克於先大夫無能爲役。』」杜預注：「不中爲之役使」，即「不堪爲之役使」之意。現代口語，仍說成、行爲中，說不堪用爲不中用。河南一帶口語中，更爲普遍。

中人

《還牢末》一、白：「他原是個中人，我替他禮案上除了名字，棄賤從良。」

同劇同折、白：「有這李孔目第二個渾家蕭娥，他是個中人。」

《灰闌記》二【逍遙樂】白：「正是個中人，他背地裏養著姦夫，同謀設計，合毒藥藥殺了丈夫。」

《盆兒鬼》一【金盞兒】白：「我撇支秀元不是良家，是個中人。」

中人，所指很廣泛，如中等人、中間人、宦官、宮女、貴幸等等。上舉元曲諸例，則指的是娼伎。晉・魯褒《錢神論》：「雖有中人，而無家兄。」

中注

中珠

《玉鏡臺》二【四塊玉】白：「我只見小姐中注模樣，不曾見小姐腳兒大小。」

《鴛鴦被》三【紫花兒序】白：「我道小娘子中注模樣，不是受貧的，爲甚麼在這酒店中替他賣酒，伏侍往來的人？」

《虎頭牌》二【醉娘子】白：「哥哥，你那幼年間中注模樣，如今便怎生老的這等了？」

《五侯宴》三【倘秀才】白：「看了這官人那中珠模樣，好似我那王阿三孩兒也。」

《劉弘嫁婢》二【幺篇】白：「我看了這箇小姐中珠模樣，可也中擡舉。」

中注，或作中珠。宋代，吏部除授官吏，在冊子上登記，注明其姓名、年紀、相貌；後來稱這種冊子爲「中注」，並引申遝作相貌的代稱。珠，爲注的借用字。

終不道

終不然

《裴度還帶》四【喬牌兒】:「他道是奉君王聖旨爲盟信,終不道我爲媳婦拜丈人!」

《智勇定齊》一、白:「傻弟子,他是我女孩兒,終不道不養活他?」

《梧桐葉》楔、白:「自古修文演武,取功名於亂世,終不然戀酒貪花,墮卻壯志?」

終不道,用作反問副詞,意爲難道、莫非。明・許時泉雜劇《赤壁遊》【前腔】:「終不道你讀史,滿口也是屎㞎?」亦其例。或作終不然,除上舉之《梧桐葉》外,它如:元本《琵琶記》四:「終不然爲著一領藍袍,卻落後五彩斑衣!」《幽閨記》三十九:「狀元大人,你如此說,終不然終身不娶不成!」《荊釵記》二十二:「終不然爲著家書至,將好意番成惡意?」或作終不成,如:《張協狀元》戲文:「老漢然雖是個村肐落里人,稍通得些個人事。平日裏終不成跪拜底與它一貫,唱喏底與它五百?」又云:「貧女終不成忘了大公、大婆?」《水滸》第二十八回:「武松道:『卻又作怪!終不成將息得我肥胖了,卻來結果我?』」以上各例,義並同。

鐘鼓司

《硃砂擔》三【倘秀才】白:「直著他鐘鼓司觔陡房裏托生去!」

《黃花峪》一【尾聲】白:「往鐘鼓司學行金斗去來。」

音樂和戲曲,漢、魏以來,歷代都設有管理機構。《宋史・樂志、十七》:「宋初循制,置教坊,凡四部。……四方執藝之精者皆在籍中。」又云:「教坊本隸宣徽院,有使、副使、判官、都色長、色長、高班、大小都知。……使、副歲閱雜劇,把色人分三等,遇三殿應奉人闕,即以次補。……凡國之慶事,皆進歌樂詞。」《元史・禮樂志五》:「大樂署,令一人,丞一人,掌郊祀、宗廟之樂。」王國維《宋元戲曲考・餘論》中轉引意大利人《馬哥朴祿遊記》記元世祖時曲宴禮節云:「宴罷徹案,伎人入,優戲者,奏樂者,倒植者,弄手技者,皆呈藝於大汗之前,觀者大悅。」同書又轉引呂毖《明宮史》木集云:「鐘鼓司過錦之戲,約有百回,每回十餘人不拘。」據明人沈德符《野獲編補遺》卷一記禁中演戲云:「內廷諸戲劇俱隸鐘鼓司,皆習相傳院本，沿金、元之舊，以故其事多與教坊相通。」復據《明史・職官志三》「鐘鼓司」注云：「掌管出朝鐘鼓，及內樂、傳奇、過錦（鐘鼓司承應的戲名）、打稻諸雜戲。」可知鐘鼓司就是政府設立的管理戲曲、音樂的機構。明代的鐘鼓司設立於洪武初年，俗稱「御戲監」。

種火

𤓰火

《神奴兒》二【牧羊關】：「我則怕走的你身子困，又嫌這鋪臥冷，我與你種著火，停著殘燈。」

種（zhǒng）火，謂生火、𤓰火。《今古奇觀・逞錢多白丁橫帶》：「你這樣人，種火又長，拴門又短，郎不郎秀不秀的。」《二刻拍案驚奇・癡公子狠使噪脾錢，賢丈人巧賺回頭壻》：「種火又長，栓門又短，誰來要這個廢物？」上舉話本中「種火」云云，是比喻不成材、沒有用處的意思，與元曲例含義不同。

中雀

《倩女離魂》一【混江龍】：「俺本是乘鸞艷質，他須有中雀丰標。」

《隔江鬬智》二【三煞】：「不甫能射金屏中雀來，只索便上秦樓跨鳳歸，也是我婦人家自爲終身計。」

唐代竇毅在屏風上畫了兩隻孔雀，說道：若有人射中孔雀的眼睛，就把女兒嫁給他。唐高祖射中，就娶了他的女兒（見《舊唐書・竇后傳》）。後來「中雀」二字，就成了擇壻中選的代詞。元本《琵琶記》三十八【風入松慢】：「中雀誤看屏裏，乘龍難駐門楣。」亦其例。

種五生

《梧桐雨》一【醉中天】：「小小金盆種五生。」

《盛世新聲》申集杜仁傑散套【商調集賢賓・七夕】：「金盆內種五生，瓊樓上設筵席。」

種五生，是古代的一種風俗：在七月七夕的前幾天，把菉豆、小豆、小麥等浸在磁器裏，生芽後，用紅、藍綵線束起來，七夕那天，用以供養牽牛星；稱爲「種生」或「種五生」。宋・孟元老《東京夢華錄》卷八「七夕」條：「七月七夕，……又以菉豆、小豆、小麥，於磁器內以水浸之，生芽數寸，以紅藍綵縷束之，謂之『種生』。」陳元靚《歲時廣記》卷二十六引《歲時雜記》：「京師每前七夕十日，以水漬菉豆或豌豆，日一二回易水，芽漸長至五六寸許，其苗能自立，則置小盆中，至乞巧可長尺許，謂之生花盆兒。」

州橋

周橋

《豫讓呑炭》四【幺】白：「從這州橋上過去，左右，與我前面打開閑人。」

《神奴兒》四【攪箏琶】白：「院公引的孩兒到州橋左側。」

《金鳳釵》一【金盞兒】白：「我到來朝一日，向周橋上題筆賣詩。」

同劇二【石榴花】：「沒錢呵，扯著他跳周橋。」

《降桑椹》二、白：「小生恰纔去那周橋左側，請下箇醫生。」

州橋，宋代京城汴梁（今開封市）的一座橋名。孟元老《東京夢華錄》卷一「河道」條：「次曰州橋，正名大漢橋，正對於大內御街。」宋・范成大詠《州橋》詩云：「州橋南北是天街，父老年年等駕回。忍淚失聲詢使者，幾時眞有六軍來？」州，或作周，同音通用。州橋，元劇中泛指一般的橋。

周方

《謝天香》二【梁州第七】：「想著俺用時不當，不作周方，兀的喚是麼牽腸，想俺那去了的才郎。」

《誶范叔》一【金盞兒】白：「須賈奉使，多謝大夫周方，今日還國，特來告辭。」

《西廂記》一本二折【中呂粉蝶兒】：「不做周方，埋怨殺你箇法聰和尚。」

《老生兒》三【禿廝兒】：「則這私裏外您盡掌，孝父母奉蒸嘗也波周方。」

《西遊記》五本十七齣【尾】：「恨韋郎不做周方，我不道的惱亂蘇州刺使腸。」

周方，謂周全方便，即給人以關照和便利、成人之美的意思。《雍熙樂府》卷九散套【妓門庭】：「都是他周全方便」，可爲證。不作（做）周方，就是不給人以關照和方便。

元明間無名氏雜劇《娶小喬》四：「三來是託泰山周方。」周方意同上。

周全

週全

周全：一、謂完備、週到；二、謂成全、關照。周，一作週，音義同。

（一）

《西遊記》四本十六齣【調笑令】白：「上聖，這廝神通廣大，神力周全。」

《藍采和》一【混江龍】：「常則是與人方便，會另週全。」

周全，爲完備、週到之意。《後漢書・獨行傳》：「此蓋失於周全之道。」元本《琵琶記》九：「鞍轡既不周全，牽鞚何曾完備？」《紅樓夢》第三十四回：「儞（你）竟有這個心胸，想的這樣周全。」皆其例。《琵琶記》例，周全與完備互文，意尤明顯。

（二）

《蝴蝶夢》三【倘秀才】：「謝哥哥相覷當，廝周全，把孩兒每可憐。」

《金線池》四【太平令】：「從今後我情願實爲姻眷，你只要蚤些兒替我周全。」

《西遊記》六本二十二齣【商調浪來里煞】：「經文要闡揚，佛法要通變，四天王、八菩薩盡週全。」

以上「周全」，意爲成全、關照。《清平山堂話本・楊溫攔路虎傳》：「楊三官人道：『好也！謝你週全。』」《水滸》第八回：「此事果是屈了林冲，只可週全他。」《荊釵記》三【高陽臺】：「喜一家老幼平安，謝天週全。」《官場現形記》第十一回：「只說是自己的鄉親，托他務必周全一下子。」

周折

週摺　週折

《太平樂府》卷五曾瑞卿小令【罵玉郎帶感皇恩採茶歌・惜花春起早】：「綠映紅遮，似錦障周折。」（同見《樂府群珠》卷二。）

《望江亭》三【絡絲娘】：「您娘向急颭颭船兒上去也，到家對兒夫盡分說，那一番週摺。」

《黑旋風》二【醉夫歸】：「兩下裏慌速速怕甚麼途路賒，必然個寬打著大週摺。」

《兒女團圓》三【後庭花】：「聽說罷這週摺，不由我不喉堵也那氣噎。」

《馬陵道》四【快活三】：「俺把心中事明訴說，您把詩中句細披閱，大古來有甚費週折？多喒是你勾魂帖。」

周折，謂反復曲折，如一、三兩例。唐・白居易《老戒》詩：「矍鑠誇身健，周遮說話長。」明・張岱《陶庵夢憶》卷四「二十四橋風月」條：「巷故九，凡周旋、折旋於巷之左右前後者，什百之。」意皆是。引申爲麻煩、不順利的意思，如二、四、五各例；《紅樓夢》第九十六回：「這事卻要大費周折呢」，意同此。此語現在仍沿用。

周急

周濟　周給　週濟

《合汗衫》一【天下樂】：「也則是一時間周急，添你氣分。」

《貶黃州》三【尾聲】：「我止望周人之急緊如金，君子之交淡如水。」

《看錢奴》四【小桃紅】：「我怎敢便忘了你那周急濟貧時。」

《金鳳釵》二【普天樂】白：「君子周人之急，你借與我罷！」

《曲江池》四【雙調新水令】白：「喒待捨些鈔周濟貧人，大乞兒一貫，小乞兒五百文。」

《貶黃州》四【折桂令】白：「臣在黃州，多虧致仕馬正卿周給。」

《符金錠》一【醉中天】：「多謝你相週濟。」

周，救濟也，《詩・大雅・雲漢》：「靡人不周」。周急，即在人窮困時給予幫助之意。《論語・雍也》：「君子周急不濟富。」集注：「急，窮迫也；周者，補不足。」《漢書・游俠傳》：「振窮周急。」《後漢書・王丹傳》：「好施周急。」注：「周急，謂周濟困急也。」或作周濟，《晉書・食貨志》：「徐、揚二州土宜三麥，可督令熯（燥）地，投秋下種，至夏而熟。繼新故之交，於以周濟，所益甚大。」或作周亟，《左傳》定公五年：「以周亟，矜無資。」注：「亟，急也。」或作賙急，如《周禮・地官》：「司稼掌均萬民之食而賙其急。」注曰：「鄭曰：均，謂度其多少，賙稟其藭阨。」《水滸》第十八回：「時常散施棺材藥餌，濟人貧苦，賙人之急，扶人之困。」或作賙濟，如宋元戲文《吳舜英》【正宮過曲】：「路迷在花叢徑裏，又沒个相賙相濟。」或作賙給，如《水滸》第十九回：「柴大官人這等資助你，賙給盤纏，與你相交。」

按：周、賙義通，週爲周的借用字。急、濟、給音近借用。

軸頭兒廝抹著

《謝天香》一【醉扶歸】白：「錢可道，你長保著做大尹，休和咱軸頭兒廝抹著。」

《合汗衫》一【青哥兒】白：「陳虎唻，咱兩個則休要軸頭兒廝抹著。」

《灰闌記》一【天下樂】白：「你常揀吉地上行，吉地上坐，休要咱兩個軸頭兒廝抹著。」

《神奴兒》楔【仙呂賞花時】白：「你常躧著吉地而行，你若犯在我那衙門中，該誰當直，馬糞裏污的杖子，一下起你一層皮。李二，咱兩個休軸頭兒廝抹著。」

軸頭兒廝抹著，元劇習用語，遇見、碰到的意思；猶云狹路相逢，含有警告、威脅意。軸頭兒，指車輪子的軸兒；廝抹著，謂相碰也。元明間無名氏雜劇《打董達》二【紅繡鞋】白：「趕上董達拳打死，放心今日軸頭廝抹著。」亦其例。

㑇

㤘　㑳

㑇，意義有三：一、謂固執、褊狹、厲害；二、謂輕巧、漂亮；三、謂聰明、文雅。

（一）

《西廂記》四本二折【越調鬬鵪鶉】：「老夫人心數多，情性㑇。」

《董西廂》卷三【黃鍾調・侍香金童】：「不提防夫人情性㤘。」

同書卷四【中呂調・鶻打兔】：「奈老夫人情性㤘。」

同書同卷【仙呂調・繡帶兒】：「自來心腸㤘，更讀著恁般言語，你尋思，怎禁受？」

《陳州糶米》三、詩云：「老包姓（性）兒㑳，蕩他活的少；若是不容咱，我每則一跑。」

㑇（zhòu），謂固執、褊狹、厲害。元明間無名氏雜劇《石榴園》二【尾聲】：「那關雲長武藝高，張車騎情性㑇」。亦其例也。㑇，或作㤘、㑳，音義並同。陸澹安解「㑳」爲「躁」（見《戲曲詞曲匯釋》），似欠妥。

（二）

《瀟湘雨》一【天下樂】：「標題的名姓又香，打扮的體態又㑇，準備著插宮花，飲御酒。」

《揚州夢》一【油葫蘆】：「打迭起翰林中猛性子挺，拽扎起太學內體樣兒㑇。」

古今雜劇本《謝天香》四【醉春風】：「我今日箇好㑇、㑇。」（《元曲選》本作「我今日箇不醜不醜。」）

㑇，猶云輕巧、漂亮。

（三）

《㑇梅香》楔、白：「他好生的乖覺，但是他姐姐書中之意，未解呵他先解了。那更吟詠寫染的都好，……並無一句俗語，都是文談應對，內外的人，沒一個不稱賞他的，因此上都喚他做㑇梅香。」

㑇，聰明、文雅之意，與（二）義相近。

諸天

《三戰呂布》三【紅繡鞋】:「恰便似護法諸天，可便立在門旗。」

《西遊記》三本十二齣【幺】:「我的手裏揣底，霜鋒劍巨闕神威，二十位諸天聽啓，但迎著腦門著地。」

諸天，天上眾神之謂。據佛經上說，欲界有六天，色界有十八天，無色界有四天，共三界二十八天。其它尚有日天、月天、韋馱天等天神，總稱之曰「諸天」。指天神。

杜甫《涪城縣香積寺官閣》詩:「諸天合在藤蘿外，昏黑應須到上頭。」二刻《拍案驚奇・疊居奇程客得助，三救厄海神顯靈》:「那維摩居士方丈之室，乃有諸天皆在室內，又容得十萬八千獅子座，難道是地方著他去？無非是法相神通。」皆其例。

諸餘

諸余

《董西廂》卷五【仙呂調・六幺遍】:「好多嬌媚諸餘美，遂對月微吟，各有相憐意。」

《金線池》三【十二月】:「只除了心不志誠，諸餘的所事兒聰明。」

《漢宮秋》二【梁州第七】:「他諸餘可愛，所事兒相投。」

《風光好》二【菩薩梁州】:「一剗地踈狂，千般的波浪，諸餘的事行，難道是不理會惜玉憐香？」

《傷梅香》一、白:「那妮子生的聰明曉事，諸餘可愛。」

《貨郎旦》四【八轉】:「據一表儀容非俗，打扮的諸餘裏俏簇。」

《樂府群珠》卷四失註、小令【普天樂・美色】:「諸余裏耍俏，所事裏聰明。」

諸餘，有諸般、種種、一切等意。宋・王楙《野客叢書》云:「王建詩:『朝回不問諸餘處』；又曰:『若教更解諸餘語』；《尋橦歌》云:『尋橦不比諸餘樂』。」敦煌變文《八相成道變文》:「當時不在諸餘國，示現權居兜率天。」知唐代已有此語。惟唐語意猶云「其他」，與曲意略異。

餘或作余，省寫。

竹馬（兒）

竹馬：一指劇中道具；二、指兒童嬉戲之具。

（一）

《追韓信》二：〔正末背劍踏竹馬兒上。〕

同劇同折【水仙子】：〔蕭何踏竹馬兒上了。〕

《霍光鬼諫》二：〔正末騎竹馬上。〕

元劇中常用竹馬作道具。演員騎竹馬上場，表示騎馬的動作。踏竹馬兒、踏竹馬兒、查竹馬兒、騎竹馬、跚馬、躧馬，義並同。「兒」爲名詞語尾，無義。可參看「跚馬」條。

（二）

《薦福碑》一【金盞兒】：「出來的越頑愚，忒乖疎，便有文宣王哲劍難拘束，一個個栓縛著紙鷂子，一個個粧畫悶葫蘆，一個撮著那布裙踏竹馬，一個舒著那臁肕跳灰驢。」

竹馬，謂折竹當馬騎，兒童遊戲之具。《後漢書・郭伋傳》：「始至，行部到西河美稷，有童兒數百，各騎竹馬，道次迎拜。」據此知後漢以來已有此遊戲。李白《長干行》詩：「郎騎竹馬來，繞床弄青梅。」杜牧《杜秋娘》詩：「漸拋竹馬劇，稍出舞雞奇。」宋・劉辰翁【寶鼎現】詞：「腸斷竹馬兒童空見說。」《牆頭馬上》劇亦有竹馬青梅之語，皆其證。

竹林寺

《漢宮秋》四【醉春風】：「想娘娘似竹林寺，不見半分形。」

《誤入桃源》四【沉醉東風】白：「敢這桃源洞，也似竹林寺有影無形的。」

《金錢記》二【煞尾】：「卻做了山一帶、水一派竹林寺無影無形的並蒂蓮。」

《城南柳》三【隔尾】：「多管在竹林寺邊、桃花塢前。」

《黃花峪》三【正宮端正好】：「遶村坊，尋門户，一徑的打探箇實虛，恰便似竹林寺有影無尋處。」

《詞林摘艷》卷六孫季昌散套【端正好．鴛鴦被半床閑】：「我便似藍橋下實志書生，他便似竹林寺有影無形。」

竹林寺，相傳寺中有塔無影；因而比喻事情無形跡，無消息。元．迺易之《金臺集》卷二《南城詠古》詩，其中詠《竹林寺》云：「城南天尺五，祇樹給孤園。甲第王侯去，精藍帝釋尊。老僧誇塔影，稚子斲松根。何日天台路，爲從一問源？」原注云：「金熙宗駙馬宮也。寺僧云：一塔無影。」明．單槎仙《蕉帕記》第三齣《遊湖》：「這是前面竹林寺月明和尚度柳翠的故事。」清．吳長元《宸垣識略》卷十《竹林寺》條：「遼道宗八年，楚國大長公主捨私第爲寺，賜額竹林，又曰金熙宗駙馬宮也。寺僧云：一塔無影。考按：竹林寺，明景泰中重建，易名法林，在筆館胡同，今廢爲菜園。有天順間翰林學士呂原碑，其塔已無可考。」按以上所引，謂竹林寺爲遼金時代所建，明清時代尚在。但唐代已有「竹林神」之說，如韓愈有《祭竹林神文》，《李娃傳》中亦有「竹林神」之名，可見「竹林神」或「竹林寺」不始於遼金。或疑竹林寺爲梵文 Venuvana-vinara 之意譯，爲釋迦牟尼之住處，與舍衛城祇園爲佛教二大精舍。

竹溪六逸

《金錢記》四、白：「老夫姓李，雙名太白。……初號竹溪六逸，後爲飲中八仙。」

竹溪，地名，在今山東省泰安縣東徂徠山下。《舊唐書．李白傳》：「李白，字太白，山東人，少有逸才，……少與魯仲諸生孔巢父、韓準、裴政、張叔明、陶沔等隱於徂徠山，酣歌縱酒，時號竹溪六逸。」

住坐

《救風塵》四【太平令】白：「趙盼兒等寧家住坐。」

《虎頭牌》二、白：「有二哥哥金住馬在這庄兒上住坐。」

《魔合魔》楔、白：「老漢姓李，名彥實，在這河南府錄事司醋務巷住坐。」

同劇一【金盞花】白：「你在那裏住坐？有甚麼門面鋪席？兩隣對門是甚麼人家？」

《貨郎旦》二【水仙子】白：「長安人氏，省衙西住坐。」

《度柳翠》楔、白：「俺是這抱鑒營街積妓牆下住坐。」

住坐，謂居住。明・王子一雜劇《嬌紅記》上、白：「妾身上廳行首金恰恰，是城都府城裏住坐。」亦其例。

住持

《望江亭》一、白：「在這清安觀裏，做著個住持。」

《魯齋郎》四、白：「小道姓閻，道號雙梅，在這雲臺觀做著個住持。」

《竹葉舟》楔、白：「偶因遊方，到此終南山青龍寺，悅其山水，遂留做此寺住持。」

《陳摶高臥》四【太平令】白：「我即奏官裏，宮中蓋一道觀，使先生住持，封爲一品眞人。」

《合汗衫》二、白：「小僧國相寺住持長老。」

住持，佛家語，意爲寺觀的主僧（道），謂居住寺中，總持事務也。《禪院清規》：「續佛慧命，斯曰住持。」唐・懷海《敕修百丈清規・住持章》：「佛教入中國，四百餘年而達磨至，又八傳而至百丈，唯以道相授受，或巖居、穴居，或依律等，未有住持之名。百丈以禪宗寖盛，上而君相王公，下而儒老百氏，皆嚮風問道，有徒自藩，非崇其位，則師法不嚴，始奉其師爲住持，而尊之曰長老，如天竺之稱舍利須菩提，以齒德俱尊也。」

又，敦煌變文《壚山遠公話》：「云從鴈門而來，時投此山，住持修道。」《大唐三藏取經詩話中・經過女人國處第十》：「請師七人，就此住持。」亦其例。

髽髻

鬉髻　鬔髻

《翫江亭》二、白：「頭挽雙髽髻，身穿著粗布袍，腰繫雜彩絛，手拏漁鼓簡子。」

《陳文圖悟道松陰夢》【青哥兒】：「呀！我則待酒中酒中得道，情願髽髻髽髻環絛，醉歸來一任傍人笑。」

《西遊記》三本九齣、白：「自乾坤生我，二親教誨多能，三鬔髻上畫滴眞珠，四粧帶上金箱（鑲）瑪瑙。……」

《鳴鶴餘音》卷八無名氏小令【水仙子・鐘離】：「頭挽著雙鬔髻，身穿著百衲衣，曾赴閬苑瑤池。」

頭之所束之髮結，叫做髽髻（zhuā jì）。《新唐書・南蠻驃傳》：「男子髽髻，女人被髮。」《新五代史・吳世家》：「隆演鶉衣髽髻爲蒼鶻。」髽，或作鬌、鬔。按《集韻》：「鬌，楚委切，音揣。」音近義同。俗多書作「抓髻」。此髮式今已罕見。但鬔字不見字書。讀音無從確定。

拽扎

拽札

《西廂記》三本一折【上馬嬌】白：「他拽扎起面皮來：『查得誰的言語你將來，這妮子怎敢胡行事！』」

《揚州夢》一【油葫蘆】：「打迭起翰林中猛性子挺，拽扎起太學內體樣兒傷。」

《昊天塔》二【耍孩兒】：「則我這慌忙，不用別兵甲，輕輕的將衣服來拽扎。」

《梧桐葉》一【那吒令】：「打疊起心上愁，拽扎起眉間恨。」

《趙氏孤兒》三【七弟兄】：「火不勝改變了猙獰貌，按獅蠻拽札起錦征袍，把龍泉扯離出沙魚鞘。」

拽扎，謂綳緊、收起、提起。《西廂》例「拽扎起面皮」，謂綳緊面皮，準備發作之意。《梧桐葉》例「拽扎起眉間恨」，謂收起眉間恨。《昊天塔》例「將衣服來拽扎」，謂將衣服紮起。《水滸》第二回：「把繡龍袍前襟拽扎起」，亦其例也。或作抓扎，如《水滸》第三十一回：「抓扎起衣服，從這城壕裏走過對岸。」

另有作「拴束」解者，例如：《京本通俗小說・錯斬崔寧》：「番身入房，取了十五貫錢，扯條單被，包裹得停當，拽扎得爽利，出門，拽上了門就走。」《水滸》第四十三回：「當下李逵拽扎得爽利，只跨一口腰刀，提條朴刀。」此解實爲前義的引申。

扎，一作札，音義並同。拽，一作抓。

拽大拳

拽大權　拽拳

拽大拳，或作拽大權、拽拳，有揮霍、敲竹槓及打拳等義。

（一）

《青衫淚》二【滾繡毬】：「那廂正拽大拳，使大錢，這其間枉了我再三相勸。」

《對玉梳》二【醉太平】：「剗地你拽大拳，人面前逞嘍囉，請起來波小哥！」

《樂府群珠》卷一曾瑞卿小令【快活三帶過朝天子・勸娼】：「花刷子拽大權，俏勤兒受懊煎。」

《雲窗夢》一【上馬嬌】：「教那廝空拽拳，乾遇仙，休想花壓帽簷偏。」

任意花錢，不加節制，叫做拽拳，即揮霍之意。大肆揮霍，謂之拽大拳。今俗語謂之大手大腳。拳，一作權，同音假借。明・朱有燉雜劇《煙花夢》一【油葫蘆】：「有等贍表子郎君拽大拳，他子待謳。」亦其例。

（二）

《兩世姻緣》一【幺篇】：「俺娘休想投空寨，常則待拽大拳。」

設法使人花錢，俗曰敲竹槓；拽大拳，即大敲竹槓之意；是前意的引申。

（三）

《獨角牛》一【那吒令】：「說著他這種田呵，我三衙家抹丢；道著他這放牛呵，我十分的便抖擻：提著道是拽拳呵，美也，我精神兒便有。」

同劇二【紫花兒序】：「看那廝拽大拳可這般出出出的趕來，你看我跌過腳輕輕的倒檯。」

同劇四【梅花酒】：「呀！獨角牛拽大拳，劉千見拳，來到跟前，火似放過條蠶椽，出虛影到他胸前。」

上例拽拳或拽大拳，是打拳、拳擊之意。明・闕名《打韓通》二、白：「今日拽拳無甚事，趙家酒店打三鍾。」又白：「俺是韓通的徒弟，今日拽拳丢跌已罷，師父喫酒去了。」皆其例。

轉關（兒）

《董西廂》卷三【黃鍾調・尾】：「轉關兒便是舌頭，許了的話兒都不應口。」

《望江亭》一【後庭花】：「只願他肯、肯、肯做一心人，不轉關，我和他，守、守、守，《白頭吟》非浪侃。」

《澠池會》一【天下樂】：「我言詞有定准，無轉關。」

《劉行首》三【二煞】：「怎當他轉關兒有百計千謀設，逼得人剜牆鑽窟將金貲覓。」

《隔江鬬智》一【元和令】：「哎！我只道你甚機謀師外會生枝，元來只要我轉關兒，將他陰刺死。」

機械上可以轉動的樞紐曰轉關，如：《晉書・桓玄傳》：「又作徘徊輿，施轉關，令迴動無滯。」宋・陶穀《清異錄》：「胡床，施轉關以交足，穿綳帶以容坐。」明・康海雜劇《王蘭卿》四【錦上花】：「地獄天堂，轉關兒常在；暑往寒來，托版兒相挨。」上舉元曲各例，引申爲變心、機變之意。又如：敦煌變文《鷰子賦》：「總是轉關作呪，徒擬誑惑大王。」傳奇《長生殿・絮閤》：「轉關兒心腸難料。」皆其義。

粧幺

粧夭　粧腰　裝蹺

《秋胡戲妻》二【煞尾】詩云：「這也是你李家大户無緣法，非關是我女兒忒煞會粧幺。」

《金錢記》四【水仙子】：「今日可便輪到我粧幺。」

《殺狗勸夫》楔【仙呂賞花時】白：「你是我的兄弟，你敢粧幺放黨，不伏我打哩。」

同劇二【滾繡毬】：「你粧了幺落了錢，你吃了酒噇了食。」

《獨角牛》二【尾聲】：「著那廝拳起處，我搬踅過，可又則一拳打下那廝班石露臺，恁時節小颩兒那粧幺。」

《太平樂府》卷九睢景臣散套【哨遍・高祖還鄉】：「新刷來的頭巾，恰糨來的紬衫，暢好是粧幺大户。」

《陽春白雪》後集一貫酸齋小令【小梁州】:「揣著個著臉兒娘行告，百般的撒吞粧夭。」

同書後集五無名氏散套【新水令】:「粧甚腰？眼落處和他契丹交。雖是不風騷，不到得著圈套。」

《太平樂府》卷七關漢卿散套【鬪鵪鶉・小桃紅】:「裝蹺委實用心機，不枉了誇強會。」

粧么，一作粧夭、粧腰、裝蹺，即裝模作樣，故意作態之意。按：粧，妝之俗字，或作裝，音義同；夭、腰、蹺，皆通假字。或作妝腰，如元本《琵琶記》十七【蠻牌令】:「窮酸秀才直恁喬，老婆與他妝甚腰？」現在仍有這樣的說法。或作裝么，如《水滸全傳》第七十五回：「朝庭中貴官來時，有多少裝么。」

粧孤

粧孤，有做嫖客、走運等意，例釋如下：

（一）

《對玉梳》一【賺煞尾】:「你待要摶香弄粉，粧孤學俊。」

《百花亭》一【金盞兒】白:「小二哥，你也知道我粧孤愛女，你肯與我做個落花的媒人？」

同劇三【商調集賢賓】:「若論粧孤苦（苫）表，俺端的奪了第一。」

上舉諸例，爲做嫖客、當孤老之意。《雍熙樂府》卷八散套【一枝花・風情】:「粧孤的大廝八，買笑的干合剌，求食的假古懺，巴鏝的惡支沙。」同書同卷同套【子弟收心】:「既粧孤，不粧欠，鼻凹裏沙糖再不餂。」《樂府群玉》卷二王日華小令【天香引】:「蘇氏据倈，雙生搠湞，你剗地粧孤。」皆其例也。近人胡忌《宋金雜劇考》第三章引上述《雍熙樂府》第一例云：「其中以『粧孤的』和『買笑的』、『求食的』、『巴鏝的』連稱，自非指戲劇中人物；套曲題名『風情』亦可證。由此可推知此中『粧孤』，即是妓院對游客的通稱，應當作『孤老』解釋。」所謂「游客」，即嫖客也。

（二）

《後庭花》二【梁州第七】:「他兩個無明夜海角天涯去，單注他合有命，俺合粧孤。」

按：此「粧孤」，意謂走運。全句意思是說：他子母不分晝夜逃命到海角天涯，命該不死，我們得了他們的首飾頭面，也算走運，落得享福。

除上述二解外，也有指劇中人物，裝扮官員的，如戲文《宦門子弟錯立身》五【六幺序】：「問甚麼粧孤扮末諸般會，更那堪會跳索撲旂？」按：裝孤或孤裝，在宋、元時並不是一個角色的專稱，而是指裝扮官員的人，猶如「裝旦」是裝扮旦角一樣。但「孤」不是一種角色。

可參閱「孤」字條。

粧誣

賍誣　贓誣

《賺蒯通》一【那吒令】：「他立下十大功，合請受萬鐘祿，恁將他百樣粧誣。」

同劇同折【賺煞尾】白：「我來日見了天子，就差一使命詔取韓信回朝，那時粧誣他一個謀反情由，坐下大惡大罪，將他殺了，是我之願也。」

《神奴兒》三【十二月】：「這公事憑誰做主？都是他二嫂粧誣。」

《謝金吾》三【慶元貞】白：「看他腳底板上，刺著兩行硃砂字道：賀驢兒寧反南朝，不背北番，這難道是我粧誣他的？」

《西廂記》五本四折【攪箏琶】：「你剗地倒把人賍誣？」

《望江亭》一【幺篇】白：「你倒將這言語贓誣我來，我至死也不隨順你！」

《風光好》三【叨叨令】白：「這個潑煙花贓誣人，我那裏與你會面來？」

粧誣，應作樁誣，謂栽贓、誣陷，即無中生有、設謀陷害之意。賍誣、贓誣，義並同。賍爲臟之省寫。《三國志・魏志・武帝紀》：「長史多阿附貴戚，贓污狼籍。」此「臟污」謂納賄行污，與曲例義別。

粧儇

《救風塵》三【倘秀才】：「我當初倚大呵，粧儇主婚，怎知我嫉妬呵特故裏破親？」

儇（xuān），或作懁（huán），敏慧之意。粧儇，裝聰明也。陸澹安解爲「自作聰明」（見《戲曲詞語匯釋》），是。粧，妝的俗體。

粧嚴

> 《魔合羅》四【滚繡毬】：「我與你曲灣灣畫翠眉，寬綽綽穿絳衣，明晃晃鳳冠霞帔，粧嚴的你這樣何爲？」
>
> 《西遊記》六本二十一齣【油葫蘆】：「休笑貧婆一世貧，穿著百衲裙，衲頭巾有一箇寶珠新。粧嚴的未必能評論，儏惴的倒敢能勤愼。」

粧嚴，猶莊嚴，佛家謂裝飾。《華嚴探玄記》云：「莊嚴有二義，一是具德義，二交飾義。」此指第二義。唐・釋道世《法苑珠林》：「當速莊嚴，致於遠處。」按：佛經於國土宮殿衣飾等壯美威嚴者，皆曰莊嚴，言其裝飾之美盛也。敦煌變文《太子成道經一卷》：「十號圓明皆具足，庄（莊）嚴世界地瑠璃。」元・陶宗儀《輟耕錄》卷十七「旃檀佛」條：「京師旃檀以靈異著聞海宇，王侯公相，士庶婦女，捐金莊嚴，以丐福利者，歲無虛日。」《牡丹亭・謁遇》：「三寶唱三多，七寶妙無過。莊嚴成世界，光彩徧娑婆」，皆其例。

按：莊、嚴二字爲同義詞，翻譯家把它們聯合成爲複合詞。現代漢語所謂莊嚴，是嚴肅、莊重之意，和佛經原義不同。

粧鑾

> 《遇上皇》四【甜水令】：「也不索建立廳堂，修蓋宅舍：粧鑾堆嵌，不如我住草舍茅菴。」

粧鑾，布彩繪於梁棟、斗栱、或塑像、什物之上者，謂之粧鑾。宋・李誡《營造法式》卷二云：「布彩於梁棟、斗栱、素象、什物之類，俗謂之粧鑾」。

宋・吳自牧《夢粱錄》卷十三「團行」條：「其他工役之人，或名爲作分者，如碾玉作、……裝鑾作、……冥器等作分。」《清平山堂話本・西湖三塔記》：「那裝鑾的待詔，取得這水去，堆青疊綠，令別是一般鮮明。」清・孫星衍《寰宇訪碑錄》卷六：「《南禪寺粧鑾佛像記》，解澤民撰，正書：大德九年九月，河南汝州。」皆其例。

裝鑾，即粧鑾。

粧旦色

粧旦

《藍采和》二【鬬蝦蟆】白：「著王把色引著粧旦色去。」

戲文《宦門子弟錯立身》題目：「衝州撞府粧旦色，走南投比俏郎君。」

同劇十二【尾聲】：「我若得粧旦色如魚似水，背杖鼓有何羞？提行頭怕甚的？」

《陳春白雪》後集三劉時中散套【端正好・上高監司】：「粧旦色取去爲媳婦。」

《太平樂府》卷七喬夢符散套【鬬鵪鶉・歌姬】：「不枉了喚聲粧旦。」

同書卷九高安道散套【哨遍・嗓淡行院】：「粧旦不抹颩，蠢身軀似水牛。」

粧旦色，簡作粧旦，意即扮「旦」的角色。按：宋金市語，呼婦人爲旦，故宋雜劇中有裝旦之稱，《武林舊事》卷四「雜劇三甲」條列有「裝旦孫子貴」，裝旦即粧旦也。元・湯舜民《筆花集》云：「粧旦色舞態裊三眠楊柳。」元・夏伯和《青樓集・魏道道小傳》：「勾欄內獨舞鷓鴣四篇（片）打散，自國初以來無能繼者，裝旦色有不及焉。」明・胡應麟《莊嶽委談》：「元雜劇旦有數色，所謂裝旦，即正旦也，小旦即副旦也，以墨點破其面謂之花旦，今惟淨丑爲之。」

旦的名稱，可以推源很古。清・焦循《劇說》云：「漢郊祀志『優人爲假飾伎女』，蓋後世裝旦之始也。」據漢・桓寬《鹽鐵論・散不足》第二十九記民間戲弄，有「胡旦」之目。明・方以智《通雅》卷三十五：「胡妲，即漢飾女伎，今之裝旦也。」可見旦的名稱，在西漢即已出現，其源蓋出於胡戲，故稱「胡旦」或「胡妲」，後世一般都省做「旦」。

粧謊子

粧謊

《張天師》三【倘秀才】：「到如今自做出自當之，粧甚的謊子？」

《風光好》四【三煞】：「你那些假古㦬，原來是粧謊子。」

《㑳梅香》三【青山口】:「那時節也替我撮合山粧一個謊。」

謊子,應作幌子,訛為謊子,省作粧謊。幌子本是古時店鋪用來招引顧客的布招,俗稱望子、酒簾。引申之,稱炫耀自己或偽裝騙人為「裝幌子」。清・翟灝《通俗編・藝術・表背匠》云:「幌子者,市肆之標,取喻張揚之意」也。上溯語源,可以推到唐代。宋・吳曾《能改齋漫錄》卷二云:「俗以羅列於前者,謂之裝潢子,自唐已有此語矣。《唐六典》崇文館有裝潢匠五人、熟紙匠三人,秘書省有熟紙匠、裝潢匠近各十人。」按:裝潢子即粧幌子。

俗亦謂「出醜」為裝幌子,如:《警世通言・白娘子永鎮雷峰塔》:「我怕你說出我來,捉我到官粧幌子,羞人不好看。」《醒世恒言・灌園叟晚逢仙女》:「因粧了幌子,自覺無顏。」《水滸》第四十五回:「本待要聲張起來,又怕鄰舍得知笑話,裝你的幌子。」《西遊記》第七十三回:「怎麼這等不賢,替我裝幌子哩!」均是。

狀頭

《村樂堂》楔【雙調新水令】白:「我有二夫人做狀頭,合毒藥的是王都管,藥夫丈的是大夫人,並不干小夫人之事。」

《爭報恩》二【紅繡鞋】白:「這事我自家不好問,二夫人,你做狀頭,拖他到官去!」

《怒斬關平》四【喜江南】白:「狀頭在那裡,與我拏過來!」

狀頭,指訴訟中的原告。《元典章十五・刑部・原告》「原告人在逃」條:「這般走了的狀頭,並虛告論人的一兩箇,教處死者。」狀頭,或作首狀,如《爭報恩》四【喬牌兒】白:「夫人,這都是他首狀做下來的,須不干我事。」同是趙通判的話,對二夫人王臘梅前云狀頭,這裏又說首狀,可見狀頭猶首狀。或作首告,如《趙禮讓肥》四【雁兒落】白:「你只合就將來首告官中,也不該私留盜賊在家。」或倒作告首,如《趙氏孤兒》二【牧羊關】白:「等老宰輔告首屠岸賈去,只說程嬰藏著孤兒。」以上義並同。

唐・盧儲《催妝》詩:「昔年將去玉京遊,第一仙人許狀頭;今日幸為秦晉會,早教鸞鳳下妝樓。」詩前有小序云:「李翱點都江淮,儲以進士投卷,翱置几案間,其女見之,謂小青衣曰:『此人必為狀元。』翱聞,選以為壻。明年,果第一人及第。」五代・王定保《唐摭言》卷八:「自放狀頭」條:「杜黃門第一榜，尹樞爲狀頭。」清・錢大昕《恒言錄》卷四：「《摭言》：『張又新時號張三郎：謂進士狀頭，宏詞勑頭，京兆解頭。』鄭合敬詩：「最是五更殘醉醒，時時聞喚狀頭聲。』」以上徵引，皆指科舉考試中的第一人，與元曲各例不同。

狀本（兒）

《李逵負荊》一【賺煞】：「則要你肚囊裏揣著狀本熟，不要你將無來作有。」

《殺狗勸夫》四【鬬鵪鶉】：「他講不得《毛詩》，念不得《孟子》，無非是溫習下坑人狀本兒。」

《神奴兒》一【賺煞尾】：「你常存著見官的心，準備著告人的意，則你那狀本兒如瓶注水。」

狀本（兒），猶狀子，即訴訟的呈文、狀詞。亦作狀子，如《水滸》第四十三回：「便叫里正帶人飛也似去縣里報知，就引李鬼老婆去做原告，補了一紙狀子。」

踿

《西廂記》二本楔子【二】：「有小的提起來將腳尖踿，有大的扳下來把髑髏勘。」

《生金閣》二【寨兒令】：「俺那廝少不的落馬身踿，不久淪亡。」

凌蒙初注《西廂》，謂「踿」（zhuàng）字不見字書，疑爲「撞」字之俗體；有踢、踹、碰等義。

撞席（兒）

撞酒沖席

《誶範叔》一【金盞兒】白：「須甲，你來是拜辭？還是撞席？」

《誤入桃源》三、白：「倘有撞席的人，休放他進來。」

同劇三【普天樂】白：「果有撞席人來，休開門。」

同劇三【尾煞】白：「雖則被那兩個撞席的攪擾了一會，然也喫得醉的醉了，飽的飽了，我們都散罷。」

《降桑椹》一、白：「兄弟，這箇是天假其便，也是俺兩箇甚口食分，撞席兒去。」

元刊本《遇上皇》三【二煞】：「每日價醺醺醉，問甚三推六問，不如撞酒沖席。」

撞席，謂未經主人邀請而逕赴席。參見清・翟灝《通俗編・飲食・撞席》。疊言曰撞酒沖席，義同。

撞門羊

《風光好》二【牧羊關】：「我等駟馬車爲把定物，五花誥是撞門羊。」

《兩世姻緣》四【雙調新水令】：「拖地錦是鳳尾旗，撞門羊是虎頭牌。」

撞門羊，舊俗迎親時男家所送的一種禮物。湯顯祖《南柯記・啓寇》：「你先把撞門羊宰了大犒賞」，亦其例。《樂府群玉》卷四貫雲石小令【醉太平・失題】：「紅鸞來照孤辰運，白身合有姻緣分，繡毬落處便成親，因此上忍著疼撞門。」此「撞門」，當與婚禮有關，爲撞門羊之省略義。

撞釘子

《西廂記》二本楔子【白鶴子】：「你排陣腳將眾僧安，我撞釘子把賊兵來探。」

撞釘子，謂首當其衝也，比喻冒險犯難（念去聲）。今湖北方言，謂遇見艱難、不如意或被對方駁回自己的意見爲「碰釘子」。撞、碰義同。

追風騎

追風馬

《單刀會》一【金盞兒】：「便有百萬軍，當不住他不剌剌千里追風騎。」

《三戰呂布》三【尾聲】：「跨下這匹豹月烏，不剌剌便蕩番赤兔追風騎。」

《三奪槊》四【滾繡毬】：「我坐下𠜱騎著追風馬，腕上只彪著打將鞭。」

追風騎，或作追風馬，謂善於奔跑的快馬。按：「追風」，本秦始皇的駿馬名（見《古今注》），用以喻馬奔馳之迅疾，如追風然。曹植《七啓》：「駕超野之駟，乘追風之輿。」李善注：「超野、追風，言疾也。」晉．葛洪《抱朴子．內篇序》：「騁足則能追風躡景。」又同書《君道篇》：「市馬骨以招追風之駿。」陳．張正見《紫騮馬》：「須還十萬里，試爲一追風。」按：追風，均指快馬。

迍邅

《蝴蝶夢》三【滾繡毬】：「正按著陳婆婆古語常言，他須不求金玉重重貴，卻甚兒孫個個賢，受煞迍邅。」

《合同文字》一【混江龍】：「小生呵，冒著風雪天氣曉耕田，甘受著饑寒苦楚，怎當的進退迍邅。」

迍邅（zhūn zhān），同屯邅，難行不進貌。處境艱難，亦曰屯邅。《易．屯》六二：「屯如邅如，乘馬班如。」疏：「屯如邅如者：屯，是屯難；邅，是邅迴；如，是語辭也。」《後漢書．荀彧傳論》：「方時運之屯邅。」《文選》左思《詠史》詩：「英雄有屯邅，由來自古昔。」杜甫《秋日夔府詠懷一百韻》詩：「生涯已寥落，世事乃迍邅。」敦煌變文《伍子胥變文乙》：「君子迍邅，龍蛇共處。」宋．趙令畤《侯鯖錄》卷六：「見一驛壁上有詩……全詩云：『記得離家日，尊親囑咐言：逢橋須下馬，過渡莫爭船；雨宿宜防夜，雞鳴更相天；若能依此語，行路免迍邅。」明．葉憲祖雜劇《夭桃紈扇》二【顏顏回】：「儻鯫生有負盟約，使終身永受迍邅。」亦其例。

准

準　折准　准折　准贖

《竇娥冤》楔、白：「他有一箇女兒，今年七歲，生得可喜，長得可愛，我有心看上他，與我家做箇媳婦，就准了這四十兩銀子。」

《劉行首》一【後庭花】：「你先將那冤業分，次將那宿債準。」

《破窑記》三【尾聲】：「今日箇顯耀你那裏奪來的富，折准我那從前受過的苦。」

《對玉梳》三【鬬鵪鶉】白：「你娘使過我偌多銀兩，准折了兩家罷！」

《太平樂府》卷九曾褐夫散套【哨遍・羊訴冤】:「待准折舞裙歌扇，要打摸暖帽春衣。」

《謝金吾》四【喬牌兒】:「則俺個官家怎不看功勞簿，縱有那彌天罪也准贖。」

准，一作準，或作折准、准折，意爲折償、抵充、兌換，即以此代彼之謂也。折也是准的意思，故准折或折准，爲複義詞。准字這類用法，已見於唐代，如韓愈《贈立之評事》詩:「錢帛縱空衣可准」。《古今小說・張古老種瓜娶文女》:「要成得親，來日辦十萬貫見錢爲定禮，並要一色小錢，不要金錢准折。」《醒世恒言・賣油郎獨佔花魁》:「連身上外蓋衣服，脫下准了店錢。」《水滸》第四十四回:「三人酒至半酣，計算了酒錢，石秀將這擔柴也准折了。」皆其例。准、準同字異體。

准狀

《救孝子》四:「〔王脩然云:〕……這公事前官問定也，曾有准伏來麼?〔令史云:〕不曾有准伏支狀。〔王脩然詞云:〕但凡刑人必然屍親有准伏，方可定罪。」

《盆兒鬼》四【朝天子】白:「等他夫妻兩個畫了准伏，當堂判個斬字，即日押赴市曹，將他萬剮千刀，凌遲處死。」

准伏，畫押（即簽字）之意；亦即伏辯、自認有罪，犯人畫押的供狀。如執法嚴酷，用逼、供、信，誣陷好人，謂之誣伏，則反治其罪，如《金史・刑志》云:「七年，左藏庫夜有盜殺都監郭良臣，盜金珠，求盜不得。命點檢司治之，執其可疑者八人鞫之，掠三人死，五人誣伏。上疑之，命同知大興府事移剌道雜治。既而親軍百夫長阿思鉢鬻金於市，事覺，伏誅。」

准程

准成　準成　準誠

《黃粱夢》一【後庭花】白:「神仙事渺渺茫茫，有什麼准程，教我去做他?」

《對玉梳》三【十二月】:「早則有准成地朝雲暮雨，依然的復舊如初。」

《劉弘嫁婢》四【雙調新水令】白：「我說姑夫我這親事，這遭可准成著！」

《兩世姻緣》二【浪裏來】：「你道箇題橋的沒信行，駕車的無準成。」

《詞林摘艷》卷七喬夢符散套【集賢賓·隔紗窗日高花弄影】：「你比那題橋的沒信行，駕車的無準誠。」

准程，謂準確可靠也。准、準、凖，同字異體。今簡化漢字作准。程、誠爲成之同音借用字，義並同。敦煌變文，成又借爲承，如《維摩詰經菩薩品變文甲》：「准承佛果理全虧，怎生得受菩提記？」

桌面

《隔江鬬智》三【梧葉兒】：「只等筵席散後，就將這桌面包了家去吃。」

《忍字記》一、白：「如今擺將來，都是見成桌面，請哥哥、嫂嫂喫幾杯。」

桌面，謂席面，指酒席。

卓午

《圯橋進履》二、白：「貧道今朝日當卓午，必遇此人。」

《柳毅傳書》二、白：「今日時當卓午，我聽太陽道士講道德經未完，傳報有人擊嚮（響）金橙樹，我已著巡海夜叉問去了。」

《桃花女》一、白：「你到後日，日當卓午，土坑上板殭身死。」

卓午，謂正午。李白《戲贈杜甫》詩：「飯顆山頭逢杜甫，頭戴笠子日卓午。」《清平山堂話本·洛陽三怪記》：「今卓午時，劉平事花園裏去，斷除那兩箇妖怪。」元·洪希文《聽琴歌》：「喬林鶯轉日卓午，幽澗泉鳴夜未央。」以上皆其例。

着莫

著莫　着末　着麼　著抹

着莫：一、謂猜測；二、謂撩惹；三、謂著落。

（一）

《西廂記》二本三折【殿前歡】：「他不想結姻緣想甚麼？到如今難着莫。」

《陽春白雪》附載貫酸齋小令【殿前歡】：「任風濤萬丈波，難著莫。」

上舉之例，著莫即捉摸、猜測之意。一般寫作捉摸或琢磨。《水滸》第二回：「卻說朱武、楊春兩個正在寨後猜疑、捉摸不定。」可相印證。而張相解《西廂》例爲「着落」，實與曲意不符。着，一作著，著爲本字，着爲俗體。

（二）

《漢宮秋》二【梁州第七】：「怎禁他帶天香着莫定龍衣袖。」

《樂府群珠》卷一陳草庵小令【山坡羊・嘆世】：「伏低伏弱，粧呆粧弱，是非猶自來着莫。」

《紫雲庭》三【中呂粉蝶兒】：「我本是個邪祟妖魔，他那俏魂靈倒將咱着末。」

《樂府群珠》卷一曾瑞卿小令【山坡羊・閨怨】：「病成魔，淚如梭，淒涼無數來着末。」

《太平樂府》卷八喬夢符散套【一枝花・私情】：「起初兒着莫喒，假撇清面北眉南。」

《藍采和》三【正宮端正好】：「逐朝走向街頭過，有幾個把我相着麼。」

《元人小令集》王仲元《失題》十之五：「無限淒涼來著抹。」

以上各例，着末、着麼、着莫、著抹，音義並同；猶云撩撥、沾惹。宋・孔平仲《懷蓬萊閣》詩：「深林鳥語流連客，野徑花香着莫人。」宋・朱淑貞【減字木蘭花・春怨】詞：「佇立傷神，無奈輕寒著摸人。」《古今小說・張舜美燈宵得麗女》：「半窗花影模糊月，一段春愁著摸人。」義皆同。

（三）

《紫雲庭》三【三】：「早則沒着末，致仕了弟子，罷任波虔婆。」

着末，用爲名詞，猶言把握、著落、歸宿。宋・邵雍《洛陽春吟》詩：「多少落花無着莫，半隨流水半隨風。」《朱子全書・道統》：「若資賢不逮，依舊無着摸。」宋・王明清《摭青雜記》:「每公庭傳宴，能將舊調更改，皆對景，有着摸處。」「着摸」云云，義並同上。

著落

《薦福碑》二【醉太平】:「第一封書已自無著落。」

《魔合羅》三【幺篇】白:「相公，這毒藥在誰家合來？這服藥好歹有個著落。」

《趙禮讓肥》二【正宮端正好】:「我本待要駕清風萬里扶搖，半生四海無著落，空著我窮似投林鳥。」

《符金錠》四【太平令】:「呀！我這裏説著，念著，笑倒，險些兒無著無落。」

以上「著落」各例，用作名詞，意爲結果、下落、歸宿。《古今小說・張古老種瓜娶文女》:「這匹馬容易尋，只看他雪中腳跡，便知著落。」若用作動詞，是安置的意思，例如《詞林摘艷》卷一劉庭信小令【醉太平・憶舊】:「怕的是晚夕，沒著落身己。」在古典小說中，則多作命令、責成之意，例如:《警世通言・蘇知縣羅衫再合》:「即刻行了文書，支會山東巡撫，著落王尚書身上要強盜徐能、徐強等。」《水滸》第十六回:「著落大名府差十輛太平車子。」皆其例。

著意

着志

《董西廂》卷七【越調・揭鉢子】:「幽窗明淨處，潛心下繡針，著意分絲縷。」

《魯齋郎》二、詩云:「著意栽花花不發，等閒插柳柳成陰。」

《玉鏡臺》四【川撥棹】白:「學士，著意吟詩！無詩的吃水，墨烏面皮，甚麼模樣！」

《忍字記》二【採茶歌】白:「我見他家私裏外，倒也著意。」

《楚昭公》四、白:「只願你馬到功成，奏凱而還，某當與百里奚大夫，迎勞函關之外，你則小心着志者！」

《曲江池》楔、白：「孩兒，此一去只願你着志者！」

《薛仁貴》楔、白：「孩兒，則要你着志者，你去！你去！」

《合汗衫》一【天下樂】白：「漢子，你着志者！」

著意，或作着志，謂用心、注意、專心意。按：着，本作著，俗作着。《楚辭・九辯》：「惟著意而得之。」《朱子全書・學》：「這裏須要著意理會。」趙令時【清平樂】詞：「春風依舊，著意隋隄柳。」

著實

《蝴蝶夢》二【隔尾】白：「張千，與我著實打者！」

《張生煮海》三、白：「被我摸著他心肝，左邊那葉上，著實咬了一口。」

《神奴兒》三【迎仙客】白：「說的不是，著實打呀！」又白：「這廝不打不招，張千，與我著實打者！」

《合同文字》四【雙調新水令】白：「劉安住你與我揀一根大棒子，拏下那老兒著實打者！」

有所著落而不浮泛曰著，著實，即極切實、極實在之意。《朱子全書・學》：「才高須著實用功。」朱熹《答呂子約書》：「即便著實如此下手，更莫思前算後，計較商量。」《西遊記》第四十七回：「如今路多嶮峻，我挑著重擔，著實難走。」皆其意。著實，即著實也。

有時引申作穩妥講，如《詞林摘艷》卷八劉庭信散套【一枝花・春日送別】：「你是必早尋一箇著實店房裏宿。」著實店房，即謂穩妥可靠的旅店。

孜孜

姿姿　恣恣　咨咨　孳孳

孜孜，或作姿姿、恣恣、咨咨、孳孳，皆同音字，多用爲助詞或副詞，條釋如下。

（一）

《望江亭》三【收尾】：「美孜孜在芙蓉帳笑春風。」

《蝴蝶夢》一【金盞兒】：「苦孜孜，淚絲絲。」

《瀟湘雨》四【醉太平】:「崔通呵，喜孜孜還歸去秦川縣；我翠鸞呵，生刺刺硬踹入武陵源。」

《小張屠》一【後庭花】:「面溶溶有喜光，笑孜孜親問當。」

《鴛鴦被》一【混江龍】:「每日家，重念想，再尋思，情脈脈，意孜孜。」

《金錢記》一【後庭花】:「我見他簇雙鴉，將眼梢兒斜抹，美姿姿可喜煞。」

孜（zī）孜，用作「美」、「笑」、「喜」、「苦」等字的助詞，表極甚之意。一作姿姿，音義同。

（二）

《董西廂》卷四【中呂調·鶻打兔】:「初喚作鶯鶯，孜孜地覷來，卻是紅娘。」

《楚昭公》一【仙呂點絳唇：】:「孜孜看，怎飛來坐榻之間？」

《救孝子》二【滾繡毬】:「我這裏孜孜的覷個眞，悠悠的諕了魂。」

《羅李郎》三【醋葫蘆】:「我這裏孜孜的端詳了多半時，好和我那亡過的湯哥相似。」

同書卷五【正宮·梁州三臺】:「恣恣地覷了可喜冤家，忍不得恣情嗚嘬。」

《太平樂府》卷五王和卿小令【一半兒·題情】:「將來書信手拈著，燈下姿姿觀覷了。」

《陽春白雪》後集二楊西庵散套【賞花時·么】:「今夜相逢打罵咱，忽見人來敢是他？只恐有爭差，咨咨覷了，正是那嬌娃。」

以上各例，孜孜，用作看、觀、覷的情態副詞，均爲仔細、注目之意。或作恣恣、姿姿、咨咨，音義並同。宋·晁元禮【殢人嬌】詞:「孜孜地看伊模樣」，亦其例。

（三）

《金錢記》一、白:「常孜孜於忠孝，不數數於功名。」

《射柳捶丸》一、白:「隨朝數載，孜孜忠孝。」

《周公攝政》二【二煞】:「從今後剗地學舜之徒,孳孳爲善從頭雞兒叫。」

孜孜,或作孳孳,努力不息貌。《書・君陳》:「惟日孜孜,無敢逸豫。」《孟子・盡心上》:「雞鳴而起,孳孳爲善者,舜之徒也。」注:「孳孳,勤勉之意。言雖未至於聖人,亦是聖人之徒也。」另又作滋滋,如《孔叢子・連叢子上》:「講肄書傳,滋滋晝夜。」

(四)

宋元戲文輯佚《王魁負桂英》【南呂過曲・紅衲襖】:「孜孜的扯破家書。」

孜孜,用作副詞,狀扯紙聲,猶「**掐掐**(chī)」、「擿擿(chī)」,參見「**掐掐**」條(一)。白居易《燕詩示劉叟》:「四兒日夜長,索食聲孜孜。」此孜孜狀索食聲。《水滸》第三回:「卻恁地教甚麼人在間壁吱吱的哭,攪俺弟兄們喫酒。」吱,讀如孜,吱吱,狀哭聲。凡此皆爲狀聲副詞。

子

在元曲中,子的用法很多,撮其要者有五:一、用如只;二、用如雖;三、用作第二身人稱代詞,猶你;四、借用爲自;五、謂利息。

(一)

《董西廂》卷二【正宮・甘草子】:「和尚何曾動著,子喝一聲,那時諕煞。」

《西廂記》一本二折【耍孩兒】:「本待要安排心事傳幽客,我子怕漏泄春光與乃堂。」

《范張雞黍》三【掛金索】:「恨子恨這個月之間,少個人來問候。」

《追韓信》三【二煞】:「他那裏知心故友,子是個取命的凶神。」

《猿聽經》一【村裏迓鼓】:「我子見碧霄碧霄雲控,綠岩綠岩畔風動。」

子,猶則,猶只,僅僅、惟一的意思。戲文《錯立身》十二【金蕉葉】:「子這撇末區(軀)老賺,我學那劉耍和行蹤步跡」,亦其例。

（二）

《董西廂》卷八【大石調・還京樂】：「有子有牢房地匣，有子有欄軍（檻車）夾畫，有子有鐵裹榆枷：更年沒罪人戴他、犯他。」

《周公攝政》一【賺尾】：「他小子小神武文明，此件事不爲輕。」

《太和正音譜》【越調耍三台・敬德不伏老三】：「老子老，又不干咱年紀。老不了我擎天柱石，老不了我虎略龍韜，老不了我妙策兵機。老子老，一片忠心貫白日；老子老，猶自萬夫難敵；老子老，添了些雪鬢霜髯，那些兒跎腰曲脊。」

上舉各例，「子」用爲連詞，猶云雖然；作用在於把意思推開一層，表示即使、縱然，後面多用轉折詞「可是」等呼應之；但爲文字簡煉，往往省略這類轉折詞，如例一，在「更（gēng）年」前省略了「可是」，例二在「神武英明」前略去「卻」字。

（三）

六十種曲本《琵琶記》四【前腔】：「呀，秀才，子雖念親老孤單，親須望孩兒榮貴。你趁此青春不去，更待何日？」

「子」在上例中，用作人稱代詞，猶云汝、爾、你。例中子和下文的你字對應，亦可證。《論語・季氏》：「子亦有異聞乎？」先秦古籍中，多用作對男子的美稱。

（四）

《昇仙夢》一【南玉包肚】：「子這春從天上九重來，好向亭心酒漫篩。」

子，自、從之意；音近假借。

（五）

《小張屠》三【中呂粉蝶兒】：「使心計放子舉債。」

子，謂利息。古時對所生男女稱子，引申之，舉債所生的利息也叫「子」或「子息」。

除上各解外，還用爲語尾助詞，輕讀，例如：元本《琵琶記》三：「娘子，你有千箱羅綺，滿頭珠翠，少甚麼子？卻這般自苦！」戲文《張協狀元》：「有少事相煩歇（些）子。」《新編五代梁史平話》卷上：「尙讓行得辛苦，且坐歇（些）子。」《警世通言·白娘子永鎮雷峰塔》:「如今怕你怨暢，我特地來分說明白子，我去也甘心。」《醉醒石·等不了重新羞墓，窮不了連掇巍科》:「此處若差些子，便是襟裾馬牛。」，此用法現在仍很普遍，如說：房子、墊子、耍子、啥子、一些子、一會子等。又，清·李調元《雨村曲話》卷下：「子者，蜀人罵人之賤稱，今猶有湖廣子、陝西子、江西子之語。」則爲另一義。

子弟

《救風塵》一、白：「自小上花臺做子弟。」

同劇一【村裏迓鼓】白：「妹子，那做丈夫的做的子弟，做子弟的做不的丈夫。」

同劇一【勝葫蘆】:「你道這子弟情腸甜似蜜，但娶到他家裏，多無半載週年相棄擲。」

同劇一【賺煞】:「哎！你個雙郎子弟安排下金冠霞帔。」

《玉壺春》二、白：「琴童，你那裏知道做子弟的聲傳四海，名上青樓，比爲官還有好處。做子弟的有十個母兒：一家門；二生像；三吐談；四串仗；五溫和；六省傍；七博覽；八歌唱；九枕席；十伴當。做子弟的須要九流三教皆通，八萬四千傍門盡曉，纔做得子弟，非同容易也呵！」

《曲江池》一【那吒令】白：「妹子也！他還是個子弟？是個雛兒？」

《還牢末》二【中呂普天樂】白：「哥哥，你當初上花臺，做子弟，怎生受用快活？你說一遍，我試聽咱。」

以上各例，子弟指嫖客。對一般風流少年有時也稱子弟，如《警世通言·金明池吳清逢愛愛》:「有一個多情的女兒，沒興遇著個子弟，不能成就，乾折了性命。」

又，子弟或指演員、藝人，如：羅懋登本《拜月亭》一：「試問後房子弟，今日敷演誰家故事？那本傳奇？」《洞天玄記》白：「請問後房子弟，搬演何代傳奇？」

另外，子弟亦指青年小伙子。唐·劉肅《大唐新語》卷十一「懲戒第四」條：「子弟纔總角而婚名族。」《宣和遺事》亨集：「或撞著村沙子弟，也壞得棄生就死。」《醒世恒言・鬧樊樓多情周勝仙》：「若還我嫁得一似這般子弟，可知好哩！」皆其例。

子妹

姊妹

《貨郎旦》四、白：「我這裏無樂人，只有子妹兩箇，會説唱【貨郎兒】，喚將來伏侍大人。」

同劇同折【梁州第七】白：「你兩箇敢是子妹麼？」

《霍光鬼諫》二【剔銀燈】：「將一箇親子妹向君王行托獻，大古里是布衣走上黃金殿。」

《詞林摘艷》卷二無名氏散套【二郎神慢・拜星月】：「我和你自今，子妹著疼熱。」

《拜月亭》四【鎮江迴】：「俺兀那姊妹兒的新郎又忒砚覥。」

《調風月》一【那吒令】：「〔正末云了。〕〔正旦笑云：〕量姊妹房裏有甚好？」

子妹，即姊妹；子爲姊字之誤。在元曲中多指妹妹，如《霍光鬼諫》劇以下三例；《貨郎旦》例指的是兄妹；《摘艷》例指的是姐妹。在現代漢語中，子妹（姊妹）一詞，除通常指姐妹外，也有指姐弟或兄妹的，今河北井陘方言中也有稱姊妹爲妹妹的（見《井陘縣志資料》第五編），廣州方言亦以子妹稱姊妹。總之，元人和今人對姊妹的稱呼，異同大致如此。

子息

《襄陽會》一【鵲踏枝】：「你道是父祖業傳留與子息，豈不聞堯舜可便天下賢聖承襲？」

《圯橋進履》二【牧羊關】：「我問官祿、子息和這家財。」

《兒女團圓》一【天下樂】：「雖然咱有家私，我這眼前無一個子息。」

《小張屠》二【調笑令】：「便無子息待如何？」

子息，謂兒女。《戰國策・趙策》：「老臣賤息舒祺。」此指子。《史記・高祖本紀》：「臣有息女，願爲季箕帚妾。」此指女。按：古人對所生子女皆稱子，後來多專指男子而言。《魏書・世祖紀下》：「今制自三公以下至於卿士，其子息皆詣太學，其百工伎巧騶卒子息，當習其父兄所業，不聽私立學校。」《唐契苾明碑》：「後起孤子息，特進上杜國涼國公嵩立。」敦煌變文《降魔變文》、「家有子息數人，小者未婚妻室。」以上皆其例。或作兒息，如晉・李密《陳情表》：「門衰祚薄，晚有兒息。」

又，子息，亦指放債生的利息，可參閱「子」字條。

子童

梓童

《誤入桃源》二、白：「子童二人乃上界紫霄玉女，偶因有罪降謫人間。」

《西遊記》五本十七齣、白：「子童女人國王，俺一國無男子，每月滿時，照井而生。」

《金安壽》一、白：「子童乃九靈大妙金母是也。」

《抱粧盒》二、白：「子童乃劉皇后是也。」

《神仙會》楔、白：「梓童乃瑤池西金母。」

子童即梓童。古典小說中，皇帝稱其后妃爲梓童，如《西遊記》第八十四回：「那國王急睜眼睛，見皇后的頭光，他連忙爬起來道：『梓童，你如何這等？』」元明雜劇中多爲后妃或神話中王母之類的人物自稱之詞。二字何所取義，尚待考。

紫駝

紫駞　駝峰

《合汗衫》一【混江龍】：「簇金盤，羅列著紫駝新；倒銀瓶，滿泛著鵝黃嫩。」

《金安壽》一【村里迓鼓】：「擺窈窕翠蛾紅袖，出蒲萄紫駝銀甕。」

《揚州夢》二【滾繡毬】：「這酒更勝似釀葡萄紫駞銀甕。」

《金元散曲》下湯式小令【湘妃引・送友歸家鄉】：「麟脯行犀筯，駝峰出翠盤，都不如蓴菜鱸魚。」

紫駝，是古代一種奢侈、名貴的食品，是用駱駝峰做成的。杜甫《麗人行》：「紫駝之峰出翠釜，水晶之盤行素鱗。」段成式《酉陽雜俎》七「酒食」載：

「將軍曲良翰能爲驢騣駝峰炙。」駝、駞，同字異體。據《漢書・西域傳》:「大月氏國，……出一封橐駝。」注:「師古曰:『脊上有一封也。封言其隆高，若封土也。今俗呼爲封牛，封音峰。」按舊注:封，亦作峰，駝峰味美。明・葉盛《水東日記》卷十五「呂尚書駝峰之戲」條:「呂尚書震與學士解公縉一日談及食中美味，呂曰:『駝峰珍美，震未之識也。』解云:『僕嘗食之，誠美矣！』呂公知其誑己，他日從光祿得死象蹄脛，語解曰:『昨有駝峰之賜，宜共饗焉。』解因大嚼去，呂寄以詩曰:『翰林有箇解癡哥，光祿何曾宰駱駝；不是呂生來說謊，如何嚼得這般多？』」此雖屬傳聞、戲談，亦可證駝峰之味美也。

紫金梁

《氣英布》四【側磚兒】:「莫道喒居功處無謙讓，喒本是天生下碧玉柱、紫金梁。」

《薛仁貴》一【寄生草】:「則你這築沙堤推倒了紫金梁，怎如他漚麻坑扶立的擎天柱。」

《馬陵道》一【賺煞尾】詩云:「龐涓是一條擎天白玉柱，孫臏是一座架海紫金梁。」

《賺蒯通》四【雙調新水令】:「苦也波擎天白玉柱，痛也波架海紫金梁。」

《哭存孝》三【十二月】白:「他是那擎天白玉柱，端的是架海紫金梁。」

紫金梁，用紫金造的棟樑、橋樑；比喻堪當國家大任的棟樑人材，和白（碧）玉柱的含義一樣。《存孝打虎》一【天下樂】云:「等待你個擎天架海棟梁材」即此意。

總甲

《范張雞黍》四【一煞】:「我若不賴他的文章，我可怎麼能勾做官？便總甲我也不得做。」

《東堂老》一、白:「他也是小哥！許官的該徒，我根前歪充，叫總甲來，綁了這弟子孩兒。」

《符金錠》楔、白:「我是那權豪有勢之家，我父親是大興縣里長，俺公公是宛平縣總甲，以此上我這等倚勢胡爲。」

《來生債》一【賺煞】白：「……連房也都燒著了，街坊鄰舍，火夫總甲，救火麻，搭火鉤，欑水桶，救火搭，上火鉤，眾人著氣力拽！」

宋代的戶籍制度，每二、三十家居民爲一甲。輪推一人負責地方的事務，叫做「總甲」。猶如後代保甲制度中的保、甲長。《宋史・食貨志上六・役法下》：「保正，長之立也，五家相比，五五爲保，十大保爲都保，有保長，有都、副保正；餘及三保亦置長，五大保亦置都保正，其不及三保、五大保者，或爲之附庸，或或爲之均并，不一也。」《清會典事例・戶部・戶口・保甲》：「又議准：蒙古地方種地民人，設立牌頭總甲，及十家長等，凡係竊匪逃人，責令查報，通同徇隱，一併治罪。」《六部成語・戶部・總甲》注：「各大村鎮，每村地分數甲數十百家；每甲之中，又分某鄉某排；一排之中有排甲，稽查一鄉之中，設鄉約約束。又有里長，司勸化之事。而統歸總甲，管轄乃由州縣委派官充之。」《清國行政法汎論・地方自治・保甲》：「凡各州縣所屬之鄉村，十家置一甲長，百家置一總甲。」

總成

總承　作成

《百花亭》一【金盞兒】白：「哥，我央及你，把梅香總成了我罷！」

《曲江池》三【三煞】白：「這鄭舍也是我總成你家的，不知亞仙姨姨吃了我幾席酒，今日便分一杯兒與我吃，也是個捨錢的，妳妳，怎麼這等做得出！」

《陳州糶米》一、白：「大人也，總成俺兩個斗子，圖一個小富貴。」

《冤家債主》二、白：「你去總承別人罷，我可無錢了。」

《救孝子》二【叨叨令】白：「將來我看，倒好把刀子，總承我罷，好去切梨兒吃。」

《東堂老》一、白：「這裏有一門親事，俺要作成你。」

《鴛鴦被》一、白：「姑姑，你若作成我這樁親事，重重相謝。」

《張生煮海》三【幺篇】白：「既如此，待我收起法寶，則要老師父作成我這樁親事。」

總成，謂成全、助之成功，使其達到目的。一作總承、作成，音近義同。總、作，一音之轉；承，成之借字。

《京本通俗小說・志誠張主管》：「張員外滿臉堆著笑道：『全仗作成則個。』」《清平山堂話本・雪川蕭琛貶霸王》：「神曰：『項籍深謝君勞力作成，安敢妄報？」初刻《拍案驚奇・衞朝奉狠心盤貴產，陳秀才巧計賺原房》：「當初是你每眾人總承我這樣好主顧放債，本利絲毫不曾見面，反而要我拿出銀子來。」皆其例。

總舖

《張生煮海》一【青哥兒】白：「你去兀那羊市角頭磚塔兒衚衕總舖門前來尋我。」

總舖，即軍巡舖（守夜巡更的人住的窩鋪）。宋代都城裏，坊巷近二百餘步，設一個軍巡舖，配備兵卒三、五人，是爲一舖；到夜晚負責巡警地方盗賊煙火等任務。宋・吳自牧《夢粱錄》卷十「防隅巡警」條：「官府坊巷，近二百餘步，設一軍巡鋪，以兵卒三五人爲一鋪，遇夜巡警地方盗賊煙火，或有鬧炒不律公事投鋪，即與經廂察覺，解州陳訟。更有火下地分，遇夜在官舍第宅名望之家伏路，以防盗賊。蓋官府以潛火爲重，於諸坊界置立防隅官屋，屯駐軍兵，及於森立望樓，朝夕輪差，兵卒卓望，如有煙烻處，以其幟指其方向爲號，夜則易以燈。」《警世通言・玉堂春落難逢夫》：「你如今可到總鋪門口去，有覓人打梆子，早晚勤謹，可以度日。」亦其例。

舖，一作鋪，同字異體，讀去聲。

縱饒

總饒

《單刀會》三【尾聲】白：「縱饒魯肅千條計，怎勝關公這口刀？」

《曲江池》二【梁州第七】：「總饒你便通天徹地的郎君，也不彀三朝五日遭瘟。」

《鴛鴦被》一【寄生草】：「總饒他銅山百座鄧通家，怎動的我琴心一曲臨卭氏？」

同劇四【雙調新水令】：「總饒你潑骨頑皮，也少不得要還他本和利。」

《漁樵記》一【元和令】:「總饒你似馬相如賦《子虛》,怎比的石崇宗誇金谷?」

縱饒,推想之詞,意爲即使,任憑、縱然;作用在於:把意思推開一層,然後再拉回來落到筆者所肯定的觀點上,這在漢語語法、修辭上已形成固定的句式。南唐·陳陶《隴西行》:「縱饒奪得胡林塞,磧地桑麻種不生。」《長生殿·獻飯》:「縱饒白髮千莖雪,難把丹心一寸灰」,皆其例。縱,一作總,音近借用。

走滾

走衮

《雍熙樂府》卷十九【小桃紅·西廂百詠三十九】:「誰知你個小冤家,走滾機謀大,不想今番變了卦。」

《太平樂府》卷九董君瑞散套【般涉調哨遍,硬謁】:「你要尋走衮,覓轉關,上天掇著梯兒趕。」(亦見於《雍熙樂府》卷七)

走滾,謂機變,意同轉關。例一走滾與變卦相對,例二走衮與轉關互文,均可爲證。《六院聲嗽·人物》:「說不定:走衮。」意亦近。按:滾,疑是農家用以碾穀、麥的碾滾石,圓柱形,用繩子索繫著横軸的兩頭,由牲口拉著繞圈壓場。曲意用以比喻轉變不定。可參閱「轉關」條。衮爲滾字的省寫。

此例小說中亦有之,如《金瓶梅》第二十八回:「我幾次戲他,他口兒且是活,及到中間又走滾了。」

走智

《梨園樂府》上荊幹臣散套【醉春風】:「俺疑他指不過走智兒猜,他只俺除將罷字兒揣,廝等待心腸各寧奈。」

《樂府群珠》卷一張小山小令【金字經·梅友元帥席上】:「粉箏才搊罷,錦牋初展開,小小機關走智兒猜。」

《張協狀元》十四【尾聲】:「〔淨:〕婆婆勸你休走智,〔生:〕我異日風雲際會時。」

走智,猜謎遊戲中的術語。吳自牧《夢粱錄》卷二十「小說講經史」條:「走智,改物類以困猜者。」又云:「調爽,假作難猜,以走其智。」灌圃耐得翁《都城紀勝》「瓦舍眾伎」條：「商謎……有道謎、正猜、下套、貼套、走智、横下、問因、調爽。」「走智」下注云：「改物類以困猜者。」蓋謂用花言巧語，把猜者的思路引開，使其增加困難，不易猜中曰走智。

足律律

足呂呂　促律律　卒律律

《竇娥冤》四【雙調新水令】：「我每日哭啼啼守住望鄉臺，急煎煎把讐人等待，慢騰騰昏地裏走，足律律旋風中來，則被這霧鎖雲埋，攛掇的鬼魂快。」

《薛仁貴》二【醋葫蘆】：「哎，兒也！知他是甚風兒足律律吹你可兀的到家來？」

元刊本《氣英布》四【水仙子】：「道足呂呂忽斧迎鎗數翻煙焰舉。」

《氣英布》四【尾聲】：「嗔忿忿將一匹跨下征駹緊纏住，殺的那楚項羽促律律向北忙逋。」

《柳毅傳書》二【越調鬪鵪鶉】：「卒律律電影重，古突突霧氣濃；起幾箇骨碌碌的轟雷，更一陣撲簌簌的怪風。」

《西遊記》二本八齣【滚繡毬】：「火瓢傾卒律律四遠光茫。」

《樂府群珠》卷二失註【南呂小令・題情】：「敗殘軍受魔障，德勝將馬碩犇，只見他歪剌剌趕過飲牛灣，蕩的那卒律律紅塵遮望眼，振的這滴溜溜的紅葉落空山。」

足律律，形容疾速的情狀（有的還兼含形容疾速動作的聲響）。又作足呂呂、促律律、卒律律，音近義並同。《元曲選》音釋：「足，臧取切。」「促音取。」一說：「足」應讀「赤」。口語中念 qülülü。

嘴臉

《伍員吹簫》一【村裏迓鼓】白：「常言道：『捉賊見贓，捉姦見雙。』看你這個嘴臉，敢要和我打人命官司，也須得個證見人。」

《秋胡戲妻》四【得勝令】白：「我們也沒嘴臉在這裏，不如只做送大户到縣去，暗地溜了。」

《東堂老》一【一半兒】白：「拏來！你那嘴臉，是掌財的？」

《殺狗勸夫》楔【幺篇】白：「這廝胡說，你和俺哥哥一個印合兒裏脫下來的，怎麼你這般窮好嘴臉！」

《兒女團圓》二【採茶歌】白：「便有那巧筆丹青，也畫不出我這個醜嘴臉來。」

嘴臉，猶言面目、樣子、神氣，輕蔑詆毀之詞，今仍沿用。

嘴抹兒

《剪髮待賓》三【醉春風】白：「俺兩箇不會營生買賣，全憑嘴抹兒過其日月。」

嘴抹兒，猶嘴末子、嘴皮子，意指花言巧語。《金瓶梅》第二十一回：「躧（xǐ）在泥裏，把人絆了一交，他還說人踵泥了他的鞋；恰是那一個兒，就沒些嘴抹兒」亦其例。

嘴碌都

嘴盧都　嘴盧突　嘴骨都　嘴古都　嘴骨邦　嘴孤梆　嘴古邦　嘴古楞

《緋衣夢》二【梁州】：「悶的我嘴碌都似跌了彈的斑鳩。」

《陳母教子》二【絮蝦蟆】：「嘴碌都的恰便似跌了彈的鵰鳩。」

《救風塵》二【商調集賢賓】：「一個個嘴盧都似跌了彈的斑鳩。」

《合同文字》三【堯民歌】：「纔說起劉家安住，便早嘴盧都。」

《雍熙樂府》卷十散套【一枝花・喬斷鬼】：「剗的低頭無語嘴盧突。」

《金錢記》二【滾繡毬】：「對著的都是些嘴骨都乳鶯嬌燕。」

《詞林摘艷》卷七季愛山散套【集賢賓・牡丹亭日長簾半捲】：「嘴古都釵頭玉燕，面波羅鏡裏青鸞。」

《兩世姻緣》一【油葫蘆】：「則這夥木鸚哥嘴骨邦的在仙音院。」

《雍熙樂府》卷十九【小桃紅・西廂百詠七十】：「低頭無語嘴孤梆。」

同書卷三散套【端正好】：「嘴古邦的坐了一會。」

《樂府群玉》卷二喬吉小令【雙調水仙子・嘲少年】：「醋葫蘆嘴古邦佯裝欠。」

《緋衣夢》二【梁州】：「俺本是一對兒未成就交頸的鴛鴦，做了那嘴古楞誤事的禽獸。」

嘴碌都，意爲撅著嘴，鼓著腮。或作嘴盧都、嘴盧突、嘴骨都、嘴古楞、嘴古都、嘴骨邦、嘴孤梆、嘴古邦，意並同。按：碌都、盧都、盧突、骨都、古都、骨邦、孤梆、古邦、古楞等，都是狀詞，形容不高興時翹嘴鼓腮的樣子，無定字。清人翟灝《通俗編》：「今凡納悶而氣脹於唇頰之間，俗謂之觜胍肫（gū dū），元・喬夢符作嘴古都，所云亦是。」或作嘴孤獨，如明・無名氏雜劇《雷澤遇仙》四【尾】：「撇的我嘴孤獨，面魔羅，呆答孩，死沒騰。」又作嘴骨弄，如《牡丹亭・旁疑》：「倒嘴骨弄的說俺養著箇秀才。」又作嘴骨稜，如《牡丹亭・詰病》：「打你這牢承，嘴骨稜的胡遮映。」

作死

做死

《魯齊郎》一【後庭花】白：「你這弟子孩兒作死也！我是誰，你罵我？」

《樂府新聲》中無名氏小令【滿庭芳】：「爲幾文口含錢，做死的和人競。」

作死，謂自尋死路，極言人任性蠻幹，不計利害。《水滸》第二十七回：「那婦人笑著尋思道：『這賊配軍卻不是作死，倒來戲弄老娘！正是燈蛾撲火，惹焰燒身，不是我來尋你。』」《紅樓夢》第五十二回：「你才出了汗，又作死！等你好了，要打多少打不得？」皆其例。現在口語，仍這樣說。一作做死，音義同。

作念

作誦

意爲詛咒或念叨、念記。

（一）

《劉知遠諸宮調》二【高平調・賀新郎】：「一路裏作念千場。」

同書十一【般涉調・沁園春】:「傍裏三娘心中作念，苦告神天少助力。」

《救風塵》二【金菊香】:「我作念你的言詞，今日都應口。」

《陳母教子》四【沽美酒】:「我則怕枉教人作念。」

無名氏《墨娥小錄》卷十四:「呪罵:作念。」以上元劇各例皆此意也。《救風塵》二折之例，與第一折【勝葫蘆・幺篇】:「我也勸你不得，有朝一日，準備著搭救你塊望夫石。」前後對照，「作念」之爲詛咒意甚明。《長生殿・倖恩》:「他情性多驕縱，恃天生百樣玲瓏，姊妹行且休傍作誦。」此作誦爲非議之意，與詛呪意亦近。現在北京還是這樣說，如云:「他是當面裝好人，背地裏把人作念。」

（二）

《雙赴夢》一【油葫蘆】:「每日家作念煞關雲長、張翼德，委得俺宣限急。」

《牆頭馬上》二【南呂一枝花】白:「今夜好歹來也，則管裏作念的眼前活現。」

《貨郎旦》三【上小樓】:「這幾年便著把哥哥追薦，作念的箇死魂靈眼前活現。」

《西廂記》二本四折【東原樂】:「張生呵，怎叫你無人處把妾身作誦。」

以上「作念」，謂記掛、念叨、叨嘮。念，一作誦，意同。按:誦，言也。《孟子・公孫丑》:「臣請爲王誦之。」注:「言也。」《詩・小雅・節南山》:「家父作誦，以究王訩。」《大雅・崧高》:「吉甫作誦，其詩孔碩。」這兩個「誦」字，皆歌唱之意。

作踐

作賤　作塌

作踐，或作作賤、作塌，意爲棄擲不愛惜；引申之，有折磨、蹂躪、造孽、錯過等義。

（一）

《劉弘嫁婢》一【油葫蘆】白:「怎麼無法度？拏住作踐的，打五棍。」

《陳州糶米》三【梁州第七】白：「張千，離陳州近也，你騎著馬，揣著牌，先進城去，不要作踐人家。」

同劇同折【隔尾】：「直將那倉庫裏皇糧痛作踐，他便也不憐，我須爲百姓每可憐。」

《酷寒亭》一【天下樂】：「有錢財似你恁作塌，不將那官事理，終日家偎戀他，久以後無根椽和片瓦。」

對財物揮霍或毀壞，而不知愛惜，或對人欺凌，叫做作踐（zuō・jian；舊讀 zāo・jian）。蘇軾《申三省起請開湖六條狀》：「作踐狼藉」，即此意也。或作作蹋，清・惲敬《大雲山房雜記》云：「作蹋猶作踐、作藉耳。俗曰暴殄曰作蹋。」或作遭踐，趙文《團扇歌》曰：「私衣必見污，葛屨必遭踐。」或作遭塌，《金瓶梅》第四回：「定然遭塌了你這門面。」另又作糟踐、蹧踐、糟蹋、蹧蹋等，義並同。

（二）

《西遊記》六本二十二齣【醋葫蘆】：「雖然是受了些驅馳作踐，今日箇惡姻緣番作了好姻緣。」

上例，意爲折磨。《警世通言・皂角林大王假形》：「你到牢城營裏，也是擔土挑水，作塌殺你，不如就這裏尋個自盡。」亦其例。

（三）

《鐵拐李》二【三煞】：「若孩兒爲官呵，教聽些有理的公事；爲民呵，教做些有理的營生；爲吏呵，教取些有理的人錢。休教我這白骨頭上作賤，我便死也口眼閉住在黃泉。」

上例，意爲造孽（罪）。

（四）

《太平樂府》卷九楊立齋散套【哨遍・耍孩兒】：「休把這媚景良辰作塌。」

上例意爲錯過；亦含有棄擲、不愛惜之意。與（一）義極相近。

（五）

《硃砂擔》一【喜秋風】白：「我不去，我有些破腹，你替我一替，你不替，我就作踐在這裏。」

上例，指阿屎。下文邦老問：「你怎麼放了他去？」店小二答：「他破了腹要阿屎哩。」可證。此亦棄擲意之引申。

左使

《㑳梅香》四【雙調新水令】白：「我如今左使機關，到他家裏，則推素不相識，看他認的我麼。」

《倩女離魂》楔【幺篇】：「不爭你左使著一片黑心腸，你不拘箝我可倒不想，你把我越間阻，越思量。」

《抱粧盒》三、白：「劉皇后，你左使這一片黑心腸做甚麼？」

《賺蒯通》四【得勝令】：「呀！暢好是沒算計的漢賢良，左使著這一片狠心腸。」

《黃花峪》二【梁州】白：「此人性如烈火，直似弓絃，等他來時，左使機關，看他說甚末。」

偏離正中曰「左」；左使，即錯使、使用邪道。《明律・吏律・職制・姦黨》：「凡姦邪進讒言，左使殺人者斬。」《清律・職制》注：「姦邪欲殺其人，遂進讒譖之言，借事左說，激人主，致使枉殺。」一說：「左使即做使，當爲使作之倒文，意言使弄也。」（見張相《詩詞曲語辭匯釋》卷五。）

左猜

做猜

《張生煮海》二【罵玉郎】：「那龍也，青臉兒長左猜，惡性兒無可解，狠勢兒將人害。」

《存孝打虎》一【天下樂】：「休左猜，恰便似虹霓般盼望你到來。」

同劇同折【賺煞】：「哎！你箇將軍休左猜，俺可便專心兒等待。」

《太平樂府》卷五王和卿小令【一半兒・題情】：「待不梳粧，怕娘左猜，不免插金釵，一半兒鬅鬆一半兒歪。」

《詞林摘艷》卷一王伯成小令【春從天上來・閨怨】：「爲想佳期不敢傍粧臺，又恐怕爹娘做猜，把容顏只恁改。」

《樂府群珠》卷四關漢卿小令【普天樂・崔張十六事】：「只恐怕母親做猜，侍妾假乖，小姐難捱。」

左猜，謂猜疑；左，一作做，一聲之轉。張相謂：「凡云左猜，皆即做猜也，猶云起疑也。」又云：「做猜，猶云起疑，可知做猜乃本字，做左者假字也。」（見《詩詞曲語辭匯釋》卷五。）

左司家

《牆頭馬上》一、白：「如今左司家勾喚我，今日便行。」

《鴛鴦被》楔、白：「如今被左司家朦朧劾奏，官裏聽信讒言，差金牌校尉拿我赴京問罪。」

左司，官名，左司郎中的省稱。《通典・職官典・尚書上：左右司郎中》：「左右司郎中，隋煬帝（大業）三年於尚書都省初置左右司郎二人，品同諸曹郎，從五品，掌都省之職。大唐貞觀二年，改爲郎中。」白居易《重答劉和州》詩：「分無佳麗敵西施，敢有文章替左司？」宋制：左司治吏、戶、禮奏鈔班簿房，右司治兵、刑、工案鈔房。而開拆制勑、御史催驅、封樁印房，則通治之。元併尚書省於中書，置中書左右司。明初尚沿舊制，後罷中書省，遂廢。

家，語助詞，無義。參見「家」字條。

左道術

《任風子》二【倘秀才】：「我道你敢是箇南方左道術，便有甚縮地法、混天書，我與你箇快取。」

《神龍殿欒巴噀酒》【尾】：「將我做左道術隄防，二會子看承。」

《陽春白雪》後集三劉時中散套【端正好・上高監司】：「那裏取官民兩便通行法，赤緊地賄賂單宜左道術。」

左道術，謂邪法、妖術。《禮・王制》：「析言破律，亂名改作，執左道以亂政，殺。」疏：「左道，謂邪道。地道尊右，右爲貴，故《漢書》云：右賢左愚，右貴左賤，故正道爲右，不正道爲左。」《六韜・文韜・上賢》：「巫蠱左道。」周・鬼谷子《鬼谷子・中經》：「左道而用之。」《漢書・郊祀志下》：「挾左道，懷詐僞。」又同書《杜欽傳》：「是背經術，惑左道也。」注：「師古曰：左道，不正之道也。」

《宣和遺事》亨集：「天子見了道：『這和尚必是二會子、左道術，使此妖法誑朕，交金瓜簇下斬訖報來！』」亦其例。

坐化

《董西廂》卷二【大石調・玉翼蟬】:「幾箇參頭行者，著箭後即時坐化。」

《薦福碑》二【滾繡毬】:「洛陽書坐化了，黃州書自審約，比及到那時節有一個秀才來投託，這世裏誰似晏平仲善與人交？」

《猿聽經》四【沉醉東風】白:「師父，看袁秀才坐化歸空去了也。」

和尚死亡時，多盤腿端坐，俗謂之坐化。《資治通鑑・後晉紀六》開運三年:「深意卒，方簡嗣行其術，稱深意坐化。」注:「崇信釋氏而學其學，專一而靜者，其死也，能結趺端坐如生，謂之坐化。」《清平山堂話本・花燈轎蓮女成佛記》:「逕到房間，推開房門，只見婆婆端然坐化於床上」，亦其例。

作伴

《救風塵》一、白:「有鄭州周舍，與孩兒作伴多年。」

《金線池》一、白:「近日有個秀才，叫做韓輔臣，卻是石府尹老爺送來的，與俺女兒作伴。」

《玉壺春》二、白:「妾身李素蘭，自從與李玉壺作伴，可早一載有餘也。」

《曲江池》一【混江龍】白:「妹子，我想你除了我呵，便是個第一、第二的行首，你與那村廝兩個作伴，與他說甚麼的是？」

同劇三【尾煞】白:「這叫化頭身子腤腤臢臢希臭的，你還想和他作伴？」

元曲中，作伴一詞，多指男歡女愛，結爲異性伴侶，謂之作伴，似猶今之「同居」;與一般「伴侶」意義有別。

作急

作速

《老君堂》楔、白:「著馬三寶、段志玄爲前部先鋒，同領馬步禁軍十萬，勦殺敵兵，作急就行。」

《昊天塔》一【後庭花】白：「哥哥可憐見，作急選將提兵，搭救我父子的屍首去也！」

《衣襖車》二【烏夜啼】白：「兀的那押扛車人作急的行，後面則怕有人趕將來也。」

《黑旋風》四【么篇】白：「大小僂儸，作速與我趲上去者！」

作急，一作作速；謂急速、趕快；或作作緊，義亦同。《水滸》第六十三回：「第二作緊行文關報鄰近府縣，亦教早早調兵接應。」

作家

做家　做人家

作家，或作做家、做人家：一、猶云治家；二、猶言度日。

（一）

《合同文字》楔、詩云：「白雲朝朝走，青山日日閒；自家無運智，只道作家難。」

《羅李郎》一【油葫蘆】白：「想老夫少年時做家呵！〔唱：〕【天下樂】俺也曾蚤起遲眠使計謀，營也波求，肯罷手？使行錢在城打著課頭，村裏有大葉桑，闊角牛，每年家田蠶百倍收。」

《看錢奴》楔、白：「至我父親，一心只做人家；為修理宅舍，這木石磚瓦，無處取辦，遂將那所佛院盡毀廢了。」

《救孝子》一、白：「辛苦的做下人家，非容易也呵！」

《東堂老》四【喬牌兒】白：「你說甚麼話？你也回心，俺們也回心，如今幫你做人家哩。」

作家，猶言治家，即以勤儉發家致富之意也。清・翟灝《通俗編・貨財・作家》：「《蜀志・楊戲傳》注引《襄陽記》：『楊顒謂諸葛亮曰：為治有體，請以作家譬之。』作家本猶治家，而俗以蓄積財產言之。」《晉書・食貨志》：「桓帝不能作家，曾無私蓄」。《醒世恒言・白玉娘忍苦成夫》：「我們是小戶人家，不像大人家，有許多規矩。止要勤儉做人家，平日只是姊妹相稱便了。」《石點頭・侯官縣烈女殲仇》：「爭奈徐氏貪食性懶，不肯勤苦作家。」皆其例。

作家、做人家意同。作、做通用。

（二）

《詞林摘艷》卷一劉庭信小令【折桂令・憶別】:「七件兒全無，做甚麼人家？」

上例、做人家，猶言度日。七件兒，指柴、米、油、鹽、醬、醋、茶。意謂無此七件東西，難以治家度日也，亦（一）義的引申。

此外，在古典小說中亦有指經驗豐富爲「作家」者，如二刻《拍案驚奇・青樓市探人踪，紅花場假鬼鬧》:「興哥出來接見，果然老成豐韻，是個作家體段」。

做下

做下了　做下來　做下的

《竇娥冤》二【罵玉郎】:「須是你自做下，怨他誰？」

《緋衣夢》二【四塊玉】:「呀呀！兀的不做下了也！」

《西廂記》三本二折【滿庭芳】白:「他著你跳過牆來，你做下來，端的有此說麼？」

《牆頭馬上》二【隔尾】白:「是做下來也，怎見父母？妳妳可憐見，你放我兩個私走了罷！」

《伍員吹簫》楔、白:「這禍元是你做下的，你不去可著誰去？」

《爭報恩》二【紅繡鞋】白:「我和你是兒女夫妻，你這般做下的！」

做下，謂惹下、造成、闖禍；多指男女偷情，如三、四、六各例均是。

做大

則大

《羅李郎》一【一半兒】:「你這般借錢取債結交游，做大粧幺不害羞。」

《梧桐葉》四【收江南】白:「不是俺做大，一向收留在俺府中爲女，也是天數。不然，那兵荒馬亂，定然遭驅被擄。我便做你的丈人，也做得過。」

《謝金吾》三【幺篇】白:「這國姑好會做大也！我要殺的人，只說著國姑的面皮，我的面皮可著狗喫了。」

《紫雲庭》三【石榴花】：「況兼俺正廳兒，雖是則些娘大，坐著俺那愛鈔的劣虔婆。」

做大，謂擺架子，裝神氣、自居尊大，元曲中多用之。做大，一作「則大」，則、做，雙聲通用。《古今小說・蔣興哥重會珍珠衫》：「讓他一兩遍，他就做大起來。」《水滸》第十六回：「楊家那廝，強殺只是我相公門下一個提轄，直這般會做大。」皆其例。

做場

作場

《藍采和》一、白：「俺在這梁園棚勾欄裏做場。」

同劇二【梁州】：「俺、俺、俺做場處見景生情，你、你、你上高處捨身拚命，喒、喒、喒但去處奪利爭名。」

戲文《錯立身》二、白：「前日有東平散樂王金榜來這裏做場。」

《太平樂府》卷七趙明道散套【鬬鵪鶉・名姬】：「燕趙馳名，京師作場。」

做場，猶今云演出。演出的地點既可以在固定的勾欄裏，也可以是流動性的，隨處做場。宋・陸游《小舟遊近村》第三首云：「斜陽古柳趙家莊，負鼓盲翁正作場；身後是非誰管得？滿村聽唱蔡中郎。」這是勾畫南宋時流動演出的情況。《雍熙樂府》卷九《贈歌妓》云：「畫堂深別是風光，叢林中獨占排場。歌一聲嬌滴滴皓齒歌，……彈一曲嫩纖纖尖指彈，……舞一遍俏盈盈細腰舞。……」可見，在叢林裏也可以做場，演出的內容也包括很廣。近年在山西省趙城縣廣勝寺明應王殿發現的元泰定元年（1324年）的元代演劇壁畫，上題「大行散樂忠都秀在此作場。」

做場，同作場。

做處

做出

《董西廂》卷四【仙呂調・繡帶兒】：「你尋思，甚做處，不知就裏，直恁沖沖怒？」

《遇上皇》二【紅芍藥】：「好模樣，歹做出，不覷事，要休書。」（元刊本作「做處」）

《冤家債主》三【迎仙客】：「閻君也，你好狼心腸！土地也，你好歹做處！閃得我鰥寡孤獨。」

《黃花峪》三【鮑老兒】：「打這廝好模樣，歹做處，你是箇強奪人家女嬌娥。」

做處，謂行徑、舉動。一作做出，義同。《劉知遠諸宮調》有「若言這人所爲，做處只要便宜。」「雖然你不讀書，也合思慮尊卑大小，學人做處。」並可證。宋・曾覿【醉落魄】詞：「情深恨切，憶伊誚沒些休歇。百般做處百廝愜，管是前生，曾負你冤業。」

做意（兒）

《西廂記》三本二折【普天樂】：「〔紅做意云：〕呀，決撒了也！」

同劇三本三折【攪箏琶】：「〔做意了：〕偌早晚，傻角卻不來，赫赫赤赤，來。〔末云：〕這其間正好去也，赫赫赤赤。〔紅云：〕那鳥來了。」

《三戰呂布》三：「〔做意兒科，云：〕等我想，想起來了。」

《醉寫赤壁賦》一【村裏迓鼓】：「〔眾做意科，賀云：〕學士，你見麼？眾官聽其聲不能覷其面，小官問學士求珠玉咱。」

《舉案齊眉》二、白：「今日若來時，我做意惱怒。」

《太平樂府》卷三呂止庵小令【天淨沙・爲董針姑作】：「做意兒將人不採。」

做意（兒），戲劇術語，謂故作某種姿態、表情。後兩例，義同；但不屬專門術語。

做一場

《遇上皇》一【天下樂】：「捨拚了今番做了一場，打罵你孩兒有甚勾當？又不曾游手好閑惹下禍殃。」

《桃花女》二【滾繡毬】白：「彭大公你使這等見識，我拚的和你做一場。」

《延安府》四【沽美酒】:「我可也敢和你做一場，休想我便肯輕放。」

做一場，謂鬧一場。宋・文天祥【沁園春・題潮陽張詩公廟】詞：「人生翕欻云亡，好烈烈轟轟做一場。使當時賣國，甘心降虜，受人唾罵，安得留芳？」亦其例。

做公的

《竇娥冤》三、白:「今日處決犯人，著做公的把住巷口，休放往來人閒走。」

《合汗衫》一【天下樂】白:「當被做公的拏我到官，本該償命，多虧了那六案孔目，救了我的性命。」

做公的，即公人，在衙門裏辦事的人，舊指衙役、差人、皀隸。《京本通俗小說・碾玉觀音》:「郡王教幹辦去分付臨安府，即時差一個緝捕使臣，帶著做公的，借了盤纏，徑來湖南潭州府，下了公文，同來尋崔寧和秀秀。」《警世通言・萬秀娘仇報山亭兒》:「眾做公底人道：『是那苗忠每常間見這合哥兒來家中，如父母看待，這番卻是如何？』」《水滸》第四回：「若不是老漢遇見時，卻不被做公的拿了？」以上皆其例。的，一作底，音義同。

做得箇

做的箇（個）

《竇娥冤》三【滾繡毬】:「爲善的受貧窮更命短，造惡的享富貴又壽延。天地也，做得箇怕硬欺軟，卻元來也這般順水推船。」

《調風月》三【調笑令】:「這廝短命，沒前程，做得箇輕人還自輕。」

《救風塵》二【醋葫蘆】:「你做的個見死不救，可不羞這桃園中殺白馬、宰烏牛。」

《陳母教子》二【絮蝦蟆】:「打這廝父母教訓不秋，做的箇苗而不秀。」

《單鞭奪槊》二【滾繡毬】白：「你若殺了他，可不做的個閉塞賢路麼？」

《趙氏孤兒》三【駐馬聽】白：「如今你卻拿起大棍子來，三兩下打死了呵，你就做的箇死無招對。」

《飛刀對箭》二、白：「元帥未曾與摩利支交鋒，先殺一箇軍士，做的箇於軍不利。」

《陳州糶米》一【天下樂】：「這壁廂去了半斗，那壁廂捺了幾升，做的一個輕人來還自輕。」

做得箇，或作做的箇、做的個，意爲弄得個、落得個，常指某種不如人意的壞結果；以上各例均是。但也有指好結果的，如《金線池》一【賺煞】：「六親中無不歡欣，改家門，做的個五花誥夫人，駟馬高車錦繡裀，道俺有三生福分，正行著雙雙好運。」

得、的音義同。箇、個，同字異體。

做椿兒

《謝天香》三【呆骨朵】：「姐姐，我可便做椿兒三箇五，你今日這般輸說甚的？」

賭博時，局中人輪流做主，謂之坐莊，其人即稱莊家；莊家的權利、義務在各種賭博中不相同，大抵輸贏加倍，或以一人而與在場眾人論較。做椿即坐莊。今河北等地仍有此說，做爲坐的假借字。椿與莊同音通用。

做椿的另一義，爲做基礎、做本錢，如：初刻《拍案驚奇・錢多處白丁橫帶，運退時刺史當艄》：「起初進京時節，多虧他的幾萬本錢做椿，才做得開，成得這個大氣概。」按：做椿，原指擊木入土，俗稱打樁，因引申做基礎，再引申做本錢也。

做我不著

《西廂記》五本三折【收尾】白：「做我一箇主家的不著，這廝每做下來。擬定則與鄭恒，他有言語，怪他不得也。」

《留鞋記》楔【仙呂賞花時】白：「我看那小娘子的說話，儘有些意思；則做我銅錢不著，日日來買胭脂，若能勾打動他，做得一日夫妻，也是我平生願足。」

做我不著，宋元時俗語，含義較多，難以一言概括全面，大約有豁出去、不顧一切、甘冒風險、勇於承擔、願作某種犧牲等義。例一「做我一箇主家的不著」，是說不顧惜我這個主家（老夫人）的名譽、身分、地位。因她既將鶯鶯許配了張生，崔、張又已私下通情，一旦悔婚，便以丈夫生前擇壻爲由，乃出此語。例二「做我銅錢不著」，是說郭華豁出花錢去買胭脂，以打動王月英。古典小說中亦多見此語，如：《警世通言・陳可常端陽坐化》：「他若欺心不招架時，左右做我不著。」同書《白娘子永鎮雷峰塔》：「你可將一罈酒來，與我吃了，做我不著，捉他去見大尹。」《後西遊》第三十三回：「但恐那老婆子賊滑，不肯信，做我不著，去說說看。」以上義並同。《古今小說・沈小官一鳥害七命》：「做我著，教你兩個發跡快活。」「做我著」乃「做我不著」之省語。這裏是勇於承擔的意思。

今浙東尚有此語。

《元曲釋詞》出版後的反響

天津師範大學教授　吳振清集評

《元曲釋詞》（以下簡稱《釋詞》）是王學奇、王靜竹夫婦合撰的有關解釋元曲辭語方面的一部專著。全書近 200 萬字，分四卷本，由中國社會科學出版社於上世紀八十年代陸續完成出版。

《釋詞》全書共收詞目三千多條，連同附目約近六千條。所收詞目，以元雜劇爲主、元散套和小令爲輔。內容涉及歷史風尚、典章制度、鄉談方言、市井俚語、戲曲術語、曲調特用語、蒙古及女眞等兄弟民族語，以及有關的虛詞、狀語等等，兼收並容，力求完備。爲挖掘這些詞匯，作者曾長期埋頭於古籍寶藏中，並結合大量的社會調查，以摘取第一手資料。三十年來，備嘗艱苦。

在解釋這些詞語時，作者不僅引用了與元曲時代相近和關係較密切的南戲、諸宮調、明清雜劇和傳奇以及話本小說爲佐證，並旁參周秦、兩漢、魏晉南北朝、隋唐兩宋以來有關的經、史、子、集以及歷代筆記、雜著等史料。作者本著窮原竟委的精神，在顧及元曲用詞的時代普遍性的同時，又縱觀了所釋詞語古今沿用的不同歷程，旁徵博引，廣爲訓釋，期求得較爲確切的解釋。

爲進一步把每一個詞義都妥爲解釋，作者還區別情況，採取了種種相應的訓釋方法，其中最值得一提的是繼承並發揚了王念孫父子提倡的「因聲求義」的方法。作者把訓詁學和聲韻學原理緊密結合起來，用之於元曲語詞的研究，終使紛亂複雜的語詞現象循律而解，從而解決了過去很多懸而未決或解決錯了的問題。作者把這種先進方法第一次成功地引進元曲語言研究中來，實爲對元曲詞義學的研究，打開了一個廣闊的新境界。

《釋詞》的成就是多方面的：由於徵引材料豐富，不僅成爲閱讀元曲的必備工具書，也是閱讀宋、金、元、明、清歷代戲曲、小說的良師益友；又由於對元曲語詞的來龍去脈作了大量的比較細緻的歷史考察，給漢語史的研究提供了豐富的史料，特別是填補了近代詞匯史的空隙；此外，在有關風尚的那些詞條的闡述中，還匯集了不少古今習俗資料和方言土語，故對民俗學和方言學的研究，也有一定的貢獻。總之，這部著作搜羅宏富，方法嚴謹，詞條全面，詮釋精當，在元曲詞義的探討方面，是迄今比較完備的有創建性的一部訓詁學專著。

《釋詞》出版後，蜚聲國內外，受到普遍重視和高度評價。國務院古籍整理出版規劃小組編的《古籍整理出版情況簡報》總 146 期，說它是「集研究元曲語言之大成，爲目前比較理想的一部治曲工具書。」又說「它不僅是專治元曲的重要工具書，而且對一般的文學、史學和語言學等的研究，也有較大的參考價值。」還說它在方法上，「避免了一般辭書以同代作品作比較、歸納的求解法和單純義訓法的局限，所以能燭幽啓微，理亂就順，糾前人之所失，發以往所未明，多具精到之處。」1984 年 4 月 10 號的《光明日報・文學遺產》，說它「具有相當高的學術水平和參考價值」。山東大學著名語言學教授殷孟倫先生在《訓詁學的回顧與前瞻》（發表於《文史哲》1982 年第 3 期）一文中，說它是建國以來比較重要的訓詁學專著。袁世碩教授在其《元曲百科辭典》中並著重講道：「尤其語源考察，填補了以前這方面詞書的空白，是目前較好的大型元曲詞典。」等等勿庸列舉。在國外，日本著名漢學家井上泰山先生在評論《元曲釋詞》（一）（發表於《中國俗文學研究》第 3 號）中，稱此書是一部里程碑式的著作，在日本學界交口稱讚，引起轟動，感謂此書對推動元曲研究起著重要作用（因書不在手頭，不能引用原話，只轉述大意）。目前，各大學有關科目，各有關研究組織，都把此書列爲重要參考書目。新著《漢語大辭典》也有不少詞條吸收並引證了本書一些有創見的材料，以一新耳目。在國外，此書不僅流傳到日本和南韓以及港、澳、台地區，還遠至歐、美、澳，據旅遊澳大利亞的旅客回來說，他們親眼看到了在墨爾本大學圖書館中文部的書架上就矗立著精裝本四巨冊《元曲釋詞》。

附錄一　繁簡字對照表

說　明

（1）《元曲釋詞》採用的是繁體字，茲爲方便廣大讀者翻檢，特製此繁簡字對照表。

（2）表中包括《元曲釋詞》全部詞目及異體中的繁體字，依漢語拼音字母音序排列之，繁體字居左，簡化字居右，每個字均並列對應。

（3）本表簡化字以中國文字改革委員會編印的《簡化字總表》爲準。

A

ai

愛　爱

an

鵪　鹌

ao

鰲　鳌

B

ba

壩　坝

欛　把

罷　罢

bai

擺　摆

敗　败

ban

辦　办

bang

幫　帮

謗　谤

bao

褒　褒

鴇　鸨

寶　宝

飽　饱

鮑　鲍

鉋　刨

鑤　刨

報　报

bei

盃　杯

備　备

憊　惫

韝　鞴

輩　辈

beng

繃　绷

絣　絣

bi

筆　笔

畢　毕

蹕　跸

bian

編　编

邊　边

辯　辩

biao

標　标

bie

鱉　鳖

bin

賓　宾

bing

餅　饼
併　并
並　并

bo

撥　拨
缽　钵
鉢　钵
駁　驳

bu

補　补

C

cai

纔　才
採　采

can

參　参
殘　残
蠶　蚕
慚　惭
慘　惨

cang

傖　伧
蒼　苍

ce

側　侧

ceng

層　层

cha

扠　扠
詫　诧

chai

釵　叉

chan

摻　掺
攙　搀
饞　馋
禪　禅
纏　缠
產　产
剷　铲
剗　刬
懺　忏
顫　颤

chang

場　场
腸　肠
長　长
暢　畅

chao

鈔　钞

che

車　车
唓　哷
撦　扯
徹　彻

chen

磣　碜
櫬　榇
襯　衬
趂　趁

cheng

撐　撑
誠　诚

chi

喫　吃
馳　驰
遲　迟

chong

衝　冲
蟲　虫

chou

㑳　㑇
搊　𢭃
躊　踌
籌　筹
幮　裯
醜　丑

chu

雛　雏
廚　厨
處　处

chuai

[illegible]　[illegible]

chuan

傳　传

chuang

牀　床
愴　怆
創　创

chui

搥　捶

chun

鶉　鹑

chuo

綽　绰

cong

驄　骢
騘　骢
從　从

cuan

攛　撺

cuo

錯　错
銼　锉
剉　锉

D

da

達　达

dai

帶　带

dan

單　单
擔　担
膽　胆
誕　诞

dang

當　当
儅　㑇
鐺　铛
黨　党
蕩　荡

dao

島　岛
搗　捣
擣　捣

deng

鐙　镫
燈　灯
鄧　邓

di

敵　敌
蔕　蒂
遞　递

dian

顛　颠
攧　攧
點　点

鈿　钿
墊　垫

diao

鵰　雕
弔　吊
釣　钓
調　调

die

諜　谍
疊　叠

ding

釘　钉
頂　顶

diu

颩　飑

dong

鼕　冬
凍　冻
動　动

dou

鬪　斗
鬭　斗

du

讀　读
獨　独
賭　赌
覩　睹
篤　笃

duan

斷　断

dui

對　对

dun

頓　顿

duo

鐸　铎
奪　夺
垛　垛

E

e

鵝　鹅
鵞　鹅
訛　讹
額　额
惡　恶
餓　饿

er

兒　儿

F

fa

發　发
罰　罚

fan

煩　烦

飯　饭
販　贩
範　范

fen

墳　坟
糞　粪

feng

鋒　锋
風　风
馮　冯
鳳　凤

fu

麩　麸
鳧　凫
輔　辅
撫　抚
復　复
負　负
婦　妇

G

gai

蓋　盖

gan

乾　干
趕　赶

gang

岡　冈
剛　刚

gao

誥 诰

ge

紇 纥
閣 阁
個 个
箇 个

gou

構 构
搆 构

gu

鴣 鸪
顧 顾

gua

掛 挂

guai

恠 怪

guan

關 关
觀 观
慣 惯

gui

規 规
歸 归
龜 龟

guo

堝 埚
鍋 锅
國 国
摑 掴
過 过

H

hai

頦 颏

han

漢 汉

hao

號 号

he

訶 诃
餄 饸
鶴 鹤
賀 贺

hong

轟 轰
紅 红
鬨 哄

hou

齁 齁
後 后

hu

衚 胡
鶻 鹘
壺 壶
護 护

hua

樺 桦
畫 画
劃 划

huai

懷 怀

huan

歡 欢
還 还
緩 缓
喚 唤

huang

謊 谎

hui

會 会
繢 缋

hun

渾 浑
諢 诨

huo

鑊 镬
貨 货
禍 祸

J

ji

譏 讥
機 机
躋 跻
積 积
跡 迹
緝 缉
雞 鸡
鷄 鸡
賫 赍
賷 赍
齎 赍
卽 即
幾 几
劑 剂
濟 济
記 记
紀 纪
繫 系
計 计

jia

夾 夹
價 价

jian

姦 奸
間 间
監 监
翦 剪
簡 简
揀 拣
璽 茧
踐 践
賤 贱

見　见
薦　荐
鑑　鉴
漸　渐
劍　剑

jiang

將　将
漿　浆
講　讲
醬　酱

jiao

嬌　娇
驕　骄
繳　缴
僥　侥
腳　脚
攪　搅
較　较

jie

階　阶
堦　阶
潔　洁
結　结
節　节
傑　杰

jin

緊　紧
錦　锦
進　进

jing

經　经
驚　惊
徑　径
逕　径
鏡　镜

jiu

鬮　阄
舊　旧

ju

抅　拘
駒　驹
踘　鞠
舉　举

jue

捔　捔
決　决
鐝　镢
絕　绝
𢇍　绝
蕝　蕝
覺　觉

jun

軍　军

K

kai

開　开

kan

闞　阚

kou

摳　抠

ku

庫　库

kua

誇　夸

kuan

寬　宽

kui

虧　亏

kun

閫　阃

kuo

闊　阔

L

la

臘　腊
蠟　蜡

lai

來　来
倈　俫
徠　徕
賚　赉
賴　赖

lan

蘭　兰
攔　拦
欄　栏
闌　阑
藍　蓝
艦　舰
瓓　斓
濫　滥

lang

蜋　螂

lao

撈　捞
勞　劳
僗　㑩

le

樂　乐
餎　饹

lei

壘　垒
淚　泪

li

離　离
籬　篱
棃　梨
裏　里
裡　里
禮　礼
歷　历
嚦　呖
靂　雳
麗　丽
隸　隶

lia
倆 俩
lian
簾 帘
連 连
褳 裢
蓮 莲
憐 怜
奩 奁
臉 脸
戀 恋
liang
糧 粮
兩 两
lin
驎 骣
鱗 鳞
鄰 邻
隣 邻
臨 临
ling
鈴 铃
鴒 鸰
靈 灵
領 领
liu
綹 绺
磟 碌

long
龍 龙
朧 胧
籠 笼
lou
婁 娄
僂 偻
嘍 喽
樓 楼
髏 髅
摟 搂
鏤 镂
lu
盧 卢
矑 眬
顱 颅
蘆 芦
魯 鲁
錄 录
渌 渌
綠 绿
琭 琭
睩 睩
醁 醁
轆 辘
陸 陆
luan
欒 栾
孿 孪
鸞 鸾

鑾 銮
圞 圝
圝
亂 乱
lun
倫 伦
淪 沦
輪 轮
圇 囵
論 论
luo
攞 捋
囉 罗
羅 罗
儸 啰
蘿 萝
邏 逻
絡 络

M

ma
媽 妈
嬤 妈
蟆 蟆
馬 马
螞 蚂
mai
買 买
邁 迈
賣 卖

man
蠻 蛮
鏝 镘
mao
貓 猫
mei
浼 浼
men
門 门
悶 闷
們 们
meng
夢 梦
mi
謎 谜
彌 弥
覓 觅
mian
綿 绵
麵 面
麪 面
miao
廟 庙
mie
篾 篾
滅 灭
ming
鳴 鸣

mo

麼　么

饝　馍

蘑　蓦

mou

謀　谋

N

na

拏　拿

納　纳

nai

嬭　奶

妳　奶

nan

難　难

nao

惱　恼

腦　脑

鬧　闹

ni

擬　拟

niang

釀　酿

nie

揑　捏

湼　涅

ning

寧　宁

niu

紐　纽

nong

濃　浓

膿　脓

nu

駑　驽

nuan

煖　暖

O

ou

甌　瓯

歐　欧

嘔　呕

P

pan

盤　盘

拚　拚

pang

厖　庞

龐　庞

pei

賠　赔

pen

噴　喷

pian

諞　谝

騙　骗

pin

頻　频

嬪　嫔

貧　贫

ping

頩　颓

評　评

po

頗　颇

潑　泼

pu

撲　扑

鋪　铺

僕　仆

舖　铺

Q

qi

朞　期

騎　骑

齊　齐

臍　脐

蠐　蛴

氣　气

qian

遷　迁

僉　佥

簽　签

謙　谦

鴿　鸽

鉗　钳

鈐　钤

濳　潜

錢　钱

塹　堑

qiang

槍　枪

鎗　鎗

蹌　跄

蹡　跄

牆　墙

彊　强

強　强

搶　抢

qiao

蹺　跷

鍬　锹

喬　乔

僑　侨

橋　桥

qin

欽　钦

親　亲

懃　懃

qing

輕　轻

傾　倾

請　请

慶　庆

qiong

窮 穷
瓊 琼

qiu

毬 球

qu

驅 驱
軀 躯
麯 曲
趨 趋
覷 覷
覻 觑
覰 觑

quan

權 权

que

確 确

R

rang

儴 勷

rao

饒 饶

re

熱 热

ruan

撋 撋
軟 软

rui

蕋 蕊
蘂 蘂

run

閏 闰
潤 润

S

sa

灑 洒
颯 飒

sai

賽 赛

san

鬖 鬖
饊 馓
糝 糁
傘 伞
繖 伞

sang

顙 颡
喪 丧

sao

騷 骚

se

澀 涩
澁 涩

sha

紗 纱
殺 杀
儍 傻

shan

釤 钐
閃 闪
訕 讪
贍 赡

shao

燒 烧

she

闍 阇
捨 舍
攝 摄
設 设

shen

滲 渗

sheng

昇 升
聲 声
賸 剩
勝 胜
聖 圣

shi

師 师
獅 狮
濕 湿
溼 湿
時 时
實 实
識 识
適 适
勢 势

shou

壽 寿

shu

疎 疏
踈 疏
輸 输
書 书
贖 赎
術 术
樹 树
數 数

shuang

雙 双

shui

誰 谁

shun

順 顺

shuo

說 说
鑠 铄

si

絲 丝

song

鬆 松
誦 诵

sou

擻　擞

su

蘇　苏

sui

隨　随
歲　岁

sun

孫　孙
猻　狲
筍　笋
損　损

suo

瑣　琐

T

ta

闥　闼

tai

臺　台
駘　骀
擡　抬
態　态

tan

談　谈
彈　弹

tang

湯　汤
儻　傥

teng

騰　腾

ti

題　题
體　体
躰　体
殢　殢

tiao

條　条

tie

貼　贴
鐵　铁

ting

廳　厅
聽　听

tong

銅　铜
統　统
衕　同

tou

頭　头

tu

圖　图
啚　图
兎　兔

tuan

摶　抟
團　团
糰　团

tui

頹　颓

tuo

駝　驼
駞　驼

W

wan

彎　弯
頑　顽
綰　绾
萬　万

wang

彺　尪
尩　尪
網　网

wei

闈　闱
圍　围
爲　为

wen

聞　闻
穩　稳
問　问

wo

窩　窝

wu

烏　乌
嗚　呜
誣　诬
無　无
務　务
誤　误
悞　误

X

xi

躧　𫏋
細　细
戲　戏

xia

蝦　虾
鰕　𫚔
挾　挟
狹　狭
嚇　吓
諕　吓

xian

纖　纤
閑　闲
閒　闲
撏　挦
賢　贤
顯　显
線　线
獻　献

xiang

鄉　乡
響　响

餉 饷
嚮 向
項 项

xiao

銷 销
蕭 萧
囂 嚣
曉 晓

xie

脇 胁
寫 写
瀉 泻

xin

顖 囟
訫 信

xing

興 兴

xiu

綉 绣

xu

虛 虚
鬚 须
許 许
續 续
壻 婿

xuan

懸 悬
選 选
鏇 旋

xue

學 学

xun

尋 寻
訊 讯

Y

ya

鴨 鸭
鴉 鸦
壓 压
啞 哑

yan

醃 腌
懨 恹
煙 烟
嵒 岩
閻 阎
簷 檐
嚴 严
巖 岩
鹽 盐
顏 颜
魘 魇
嚥 咽
厭 厌
艷 艳
燄 焰
鴈 雁
釅 酽

yang

鴦 鸯
揚 扬
陽 阳
楊 杨
颺 扬
養 养
樣 样

yao

堯 尧
騕 骈
藥 药

ye

謁 谒
業 业
葉 叶

yi

醫 医
遺 遗
驛 驿
囈 呓
囈 呓
義 义

yin

瘖 喑
嚕 喑
陰 阴
銀 银
隱 隐
飲 饮

ying

嬰 婴
纓 缨
瓔 璎
應 应
營 营
贏 赢
蠅 蝇
癭 瘿

yong

湧 涌

you

猶 犹
蕕 莸
遊 游

yu

輿 舆
餘 余
魚 鱼
漁 渔
於 于
語 语
與 与
忬 预
飫 饫

yuan

鴛 鸳
鵷 鹓
園 园
員 员

圓 圆
緣 缘
遠 远
願 愿

yue

約 约

yun

雲 云
運 运

Z

za

帀 匝
雜 杂
襍 杂

zai

災 灾

zan

臢 臜
喒 咱
儹 攒
儧 攒
攢 攒
趲 趱
趱 趱
桚 拶
鏨 錾

zang

賍 赃
贓 赃
臟 脏
髒 脏

zao

鑿 凿
棗 枣
皁 皂
竈 灶

ze

責 责
擇 择
則 则

zei

賊 贼

zha

詐 诈

zhai

債 债

zhan

詀 詀
譫 谵
斬 斩
颭 飐
佔 占
戰 战

zhang

麞 獐
張 张
帳 帐
脹 胀

zhao

罩 罩
趙 赵

zhe

鷓 鹧
這 这

zhen

針 针
鍼 针

zheng

錚 铮
箏 筝
徵 征
闓 闿
證 证
幀 帧

zhi

織 织
執 执
紙 纸
鷙 鸷
滯 滞
擲 掷

zhong

鐘 钟
終 终
種 种
眾 众

zhou

週 周
謅 诌
軸 轴
紂 纣
皺 皱
驟 骤

zhu

諸 诸
築 筑

zhua

撾 挝

zhuan

磚 砖
轉 转
賺 赚

zhuang

裝 装
莊 庄
樁 桩
妝 妆
粧 妆
壯 壮
狀 状

zhui

錐 锥
墜 坠

zhun

準 准

zhuo

濁　浊

zong

總　总

zou

諏　诹
鄒　邹

zuan

鑽　钻
鑚　钻

附錄二　詞目筆畫索引

說　明

（1）本書前面的目錄，係按漢語拼音字母音序排列，考慮到某些古僻字讀音不易確定，影響翻檢，特製「筆畫索引」，和「目錄」結合起來使用，以方便廣大讀者。

（2）本索引以筆畫爲序，收《釋詞》各冊全部詞目（包括附目），詞目後面，標明冊數和頁碼。圓點前的數字表示冊數，圖點後的數字表示頁碼。如：「口含錢……2.285」，「2」即指第二冊，「285」即指該詞所在第二冊的頁碼。

（3）本索引的筆畫，均按詞目第一字的筆畫，分爲一畫、二畫、三畫……序列之；在同一筆畫中，再按第一字第一筆的筆形「丨」、「丿」、「丶」、「乛」的順序歸類，如：「丁」字第一筆爲「一」，即在二畫「一類」；「口」字第一筆爲「丨」，即在三畫「丨」類；「犯」字第一筆爲「丿」，即在五畫「丿」類，循此可類推。

（4）爲便於檢索，筆畫和起筆相同的各詞目，並依部首分部順序排列；同時又把單字詞、雙字詞、多字詞分別集中排列，凡雙字詞首字畫數相同者，則按第二字畫數多少排列；三字詞一、二字畫數相同者，則按第三字畫數多少排列，等等，均仿此。

一畫

三畫

四畫

〔一〕

五畫

〔一〕

六畫

〔一〕

七畫

八畫

〔一〕

九畫

〔一〕

〔丶〕

十畫

〔一〕

〔丨〕

〔丶〕

十一畫

〔一〕

十二畫

〔一〕

〔｜〕

十三畫

〔一〕

十四畫

〔一〕

十五畫

〔一〕

十六畫

〔一〕

十七畫

十八畫

〔一〕

〔丨〕

十九畫

〔一〕

〔丨〕

〔丿〕

二十一畫

二十二畫

二十三畫

二十四畫

二十五畫

二十六畫

二十七畫

二十八畫

二十九畫

三十畫